晓山 ◎ 著

从政六基本

坚守廉洁底线　作风正且硬朗　敢担当能担当　练就过硬本领　理想信念坚定　理论功底深厚

·北京·

国家行政学院出版社
NATIONAL ACADEMY OF GOVERNANCE PRESS

图书在版编目（CIP）数据

从政六基本 / 晓山著 . -- 北京：国家行政学院出版社，2024.9. -- ISBN 978-7-5150-2931-3

Ⅰ . D630.3

中国国家版本馆 CIP 数据核字第 2024E783B4 号

书　　名	从政六基本
	CONGZHENG LIU JIBEN
作　　者	晓　山　著
责任编辑	王　莹　孔令慧
责任校对	许海利
责任印刷	吴　霞
出版发行	国家行政学院出版社
	（北京市海淀区长春桥路 6 号　100089）
综 合 办	（010）68928887
发 行 部	（010）68928866
经　　销	新华书店
印　　刷	北京盛通印刷股份有限公司
版　　次	2024 年 9 月北京第 1 版
印　　次	2024 年 9 月北京第 1 次印刷
开　　本	170 毫米×240 毫米　16 开
印　　张	12.75
字　　数	141 千字
定　　价	50.00 元

本书如有印装问题，可联系调换，联系电话：（010）68929022

目 录

理论功底深厚 / 001

理论强党也强干部 / 002

看家本领须具备 / 007

学好创新理论是根本 / 012

理论上清醒才能做到政治上清醒 / 018

以学铸魂、以学增智、以学正风、以学促干 / 023

切实做到真学真懂真信真用 / 028

理想信念坚定 / 033

恪守政治信念　坚定信仰不动摇 / 034

拥有政治定力　对党绝对忠诚 / 039

强化政治意识　拥护"两个确立"做到"两个维护" / 044

增强政治"三力"　不断提高政治能力 / 050

提高政治免疫力　永葆共产党人的政治本色 / 055

践行宗旨为民造福是永远的追求 / 060

练就过硬本领 / 065

搞懂底层逻辑　提升认知水平 / 066

理性感性都要有　激情理性相兼备 / 072

善于用方法论解决问题 / 077

基本素质和综合素质是前提 / 082

最核心的能力是获得能力的能力 / 087

实践才能出真知　总结借鉴悟性不可缺 / 093

敢担当能担当 / 099

当干部就得有担当 / 100

有责任感才能有担当 / 105

有本事才能真担当 / 110

担当不是抽象的而是具体的 / 115

担当成为自觉才能走得更远 / 120

要为担当者担当 / 125

作风正且硬朗 / 131

人总是要有一点精神的 / 132

当干部必须在状态 / 137

作风硬朗才能攻坚克难 / 142

作风是一种综合能力 / 147

具有好的作风才能筑牢自律底线 / 152

作风建设永远在路上 / 157

坚守廉洁底线 / 163

廉洁是"1" 其他是"0" / 164

自律他律一样都不能少 / 169

学高为师 身正为范 / 174

敬畏之心什么时候都要有 / 179

既要管好自己 也要防止"后院起火" / 184

炼就金刚不坏之身 / 189

后记 / 195

理论功底深厚

习近平总书记在多个重要场合反复提到"理论武装",喻之为党员干部的"必修课""基本功""看家本领"。政治上的坚定、党性上的坚定,都离不开理论上的坚定。中国共产党之所以能够不断历经艰难困苦创造新的辉煌,很重要的一条就是我们党始终重视思想建党、理论强党。抓理论武装的力度,决定着政治敏感的程度、思维视野的广度、思想境界的高度。领导干部只有毫不放松、抓紧抓实党的理论武装,才能解决思想根子问题,筑牢信仰之基、补足精神之钙、把稳思想之舵。

理论强党也强干部

理论强党，从根本上说就是通过加强党的理论建设，提高政治能力、激发精神动力、凝聚组织力量、提升实践能力，从而使党更加坚强有力。习近平总书记指出："对于我们这样一个世界上最大的马克思主义执政党来说，理论强，才能方向明、人心齐、底气足。"理论强党也强干部，对于领导干部来说，通过学习强理论既是坚定理想信念、提升思想境界、加强党性锻炼的重要保证，也是提高理论水平、领导水平和执政本领的重要途径。

我们党是用马克思主义武装起来的政党。马克思主义是中国共产党人理想信念的灵魂。**思想建党、理论强党是中国共产党的重要历史经验。**习近平总书记指出："回顾党的奋斗历程可以发现，中国共产党之所以能够历经艰难困苦而不断发展壮大，很重要的一个原因就是我们党始终重视思想建党、理论强党，坚持用科学理论武装广大党员、干部的头脑，使全党始终保持统一的思想、坚定的意志、协调的行动、强大的战斗力。"中国共产党为什么能，中国特色社会主义为什么好，归根到底是马克思主义行，是中国化时代化的马克思主义行。历史和实践充分证明，马克思主义及其中国化时代化的理论成果，不仅塑造了百年大党和世界第一大执政党，指引中国伟大社会革命取得了历史性成就，而且还深刻影响了人类社会发展，重塑了世界社会主义发展的新格局。

注重思想理论建设是马克思主义的一个重要建党原则。恩格斯曾明确指出："我们党有个很大的优点，就是有一个新的科学的世界观作为理论的基础。"马克思主义是我们认识世界、把握规律、追求真理、改造世界的强大思想武器，是我们党和人民事业不断发展的参天大树之根本，是我们党和人民不断奋进的万里长河之泉源。毛泽东同志指出："掌握思想教育，是团结全党进行伟大政治斗争的中心环节。"马克思主义政党是以共同理想信念组织起来的政党。建设马克思主义政党，首先要从思想建设做起，从理想信念做起，把马克思主义鲜明写在党的旗帜上。中国共产党在百年历史进程中，始终坚持以马克思主义为根本指导，坚持用马克思主义中国化时代化最新成果武装全党、指导实践、推动工作，保证了我们党能够始终保持旺盛的生命力和强大的战斗力，始终成为中国革命、建设、改革的坚强领导核心。**思想建党、理论强党是全党增强政治定力的重要基础。**旗帜决定方向，方向决定道路，道路决定命运。拥有马克思主义科学理论指导，是我们党坚定对共产主义信念、对中国特色社会主义信心的根本所在，是我们党不断增强"走自己的路"的政治定力和战略定力的根本所在，是我们党增强理论自觉、坚定理论自信、把握历史主动的根本所在。正是始终坚持马克思主义的指导地位并不断推进其守正创新，才使中国共产党人能够顺应时代潮流，回应人民要求，不仅确保了党始终不变质、不变色、不变味，而且充分激发和展现了党的领导优势、执政优势和治理优势，领导中国人民建构了"中国之制"、开创了"中国之治"、创造了"中国奇迹"，领导和推动了中国式现代化的创新性发展和中华民族的伟大复兴。

理论学习是党员干部的安身立命之基、干事创业之本。党员干部特别是领导干部要胜任领导工作，需要掌握的本领是很多的，但最根本的本领是理论素养。马克思主义立场、观点、方法是做好工作的看家本领，是指导我们认识世界、改造世界的强大思想武器。伟大的实践离不开伟大思想的指引。思想理论的魅力与价值，唯有扎实学习才能深刻体悟。思想建党、理论强党，归根结底要建在每个人思想上，强在每个具体人头上。每个共产党员都要把自己摆进去，以理论之强带动其他各方面强起来，才能更好地担负起历史赋予我们的光荣使命。**理论强，才能方向明**。领导干部要高度认识理论学习的重要性和必要性。只有通过认真学习马克思主义基本原理，不断提高马列主义理论素养，才能清楚地了解发展规律，始终坚持正确的政治道路和政治方向，站稳正确的政治立场，才能不管在任何时候、任何情况下，都能保持政治上的清醒和坚定，经受各种风浪的考验。**理论强，才能事业兴**。领导干部加强理论学习，不仅是自己的事情，更是关乎党和国家事业发展的大事。习近平总书记强调，党员干部一定要加强理论学习、厚实理论功底，自觉用新时代党的创新理论观察新形势、研究新情况、解决新问题，使各项工作朝着正确方向、按照客观规律推进。当前，世界百年未有之大变局加速演进，世界进入新的动荡变革期，我国发展进入战略机遇和风险挑战并存、不确定难预料因素增多的时期，要应对好各种复杂局面，关键是要提高对规律的认识，善于运用规律来厘清问题。而认识和运用规律，首先要掌握科学理论，掌握马克思主义立场、观点、方法。**理论强，才能动力足**。领导干部只有坚持不懈地加强理论学习，才能始终坚定理想信念，在纷繁复杂的形势下坚持科学指导思想和正确前进方向；才能深刻认识和准确把握共产党执政规律、社会主义建设规律、人类社会发展规律，增强工作的科学性、预见性、主动性，使领导和决策体现时代性、把握规律性、富于创造性，避免陷入少知而迷、不知而盲、无知而乱的困境；才能有效克服本领不足、本领恐慌、本领落后的问题，带领人民走对路，以中国式现代化全面推进中华民族伟大复兴。领导干部要进一步深入学习党的创新理论，从中汲取不懈奋斗的源泉动力，增强学思践悟的政治智慧，筑牢拒腐防变的堤坝防线，从而更有定力、更有自信、更有智慧地为推进中国式现代化建设作出贡献。

领导干部要把强化理论武装作为首要之务。恩格斯说过："一个民族要想站在科学的最高峰，就一刻也不能没有理论思维。"理论思维能力是领导干部综合素质的核心内容。习近平总书记强调："面对十分复杂的国内外环境，肩负繁重的执政使命，如果缺乏理论思维，是难以战胜各种风险和困难的，也是难以不断前进的。"马克思主义始终是我们认识世界、把握规律、追求真理、改造世界的强大思想武器。领导干部必须自觉养成科学的理论思维，不断增强理论思维能力，学好用好马克思理论体系，领会辩证唯物主义、历史唯物主义的世界观和方法论。**要自觉加强马克思主义基础理论学习。**保持浓厚的理论兴趣，静下心来学习马克思、恩格斯、列宁、毛泽东、邓小平的原著，用马克思主义科学理论武装头脑，熟练掌握运用马克思主义哲学"三大规律""五大范畴""三个基本观点"。特别是要学深悟透习近平新时代中国特色社会主义思想，深刻理解其核心要义、精神实质、丰富内涵、实践要求，深刻把握这一思想的世界观、方法论和贯穿其中的立场观点方法，努力改造主观世界、提高党性修养、坚定理想信念，切实拧紧世界观、人生观、价值观这个"总开关"。**要坚持学而信、学**

而思、学而用。理想信念和理论武装息息相关。领导干部只有把强化理论武装作为首要之务，才能不断坚定理想信念。要认真学习、灵活运用马克思主义科学理论中的立场观点方法，经常看看自己在想问题、作决策、办事情时有没有真正从马克思主义基本原理出发，学习掌握运用得如何；更加自觉运用马克思主义科学理论分析和解决实际问题，把学习成效转化为做好本职工作、推动事业发展的具体行动，真正做到学思用贯通、知信行统一。**要坚持"实践、认识、再实践、再认识"**。理论学习的根本目的在于增强工作本领、提高解决实际问题的能力，必须准确把握认识与实践的辩证关系，弘扬理论联系实际的马克思主义学风，不断提高运用党的创新理论指导实践的能力，切实把学习成效转化为做好本职工作、推动事业发展的生动实践。要坚持理论从实践中来，并接受实践的检验，带着问题学，既向书本学习，又向实践学习，向人民群众学习。要坚持实事求是，以理论为指导，从实际出发谋划事业，把研究问题、解决问题作为学习的出发点和落脚点，使各项谋划方案符合实际情况、符合客观规律、符合科学精神，以创造性的工作把党中央决策部署落到实处。

看家本领须具备

习近平总书记反复告诫广大党员干部，要认真学习马克思主义理论，因为"这是我们做好一切工作的看家本领，也是领导干部必须普遍掌握的工作制胜的看家本领"。所谓"看家本领"，自然是特别擅长的技能，是唯我独有的"绝活"，是高人一筹的"绝技"，是克敌制胜的"绝招"。领导干部只有掌握了马克思主义理论这个"看家本领"，才能心明眼亮，理论上清醒、政治上坚定，炼就"金刚不坏之身"；才能战胜前进道路上各种各样的拦路虎、绊脚石，不忘初心更加自觉，担当使命更加坚定；才能在纷繁复杂的形势下坚持科学指导思想和正确前进方向，带领人民走对路，在强国建设、民族复兴的新征程中继续赢得优势、赢得主动、赢得未来。

马克思主义是我们党带领人民不断从胜利走向胜利的强大思想武器。习近平总书记指出："马克思主义理论的科学性和革命性源于辩证唯物主义和历史唯物主义的科学世界观和方法论，为我们认识世界、改造世界提供了强大思想武器，为世界社会主义指明了正确前进方向。"马克思主义哲学之所以是强大的思想武器，在于其严格的科学性，在于其无产阶级的立场，在于其改变世界的追求，在于其内在的创新品质。马克思主义揭示了人类社会历史发展的规律，它的基本原理是正确的，具有强大的生命力。**理论就是旗帜，理论就是方向。**我们党历来重视学习和运用马克思主义哲学。革命战争年代，我们党坚持和运用马克思主义哲学基本原理，坚持一切从实际出发，走适合中国国情的革命道路，领导全国各族人民经过长期革命斗争，取得了新民主主义革命胜利，建立了中华人民共和国。社会主义革命和建设时期，我们党坚持学哲学用哲学的传统，自觉运用马克思主义哲学基本原理分析和解决各种复杂矛盾和实际问题，完成了从新民主主义到社会主义的过渡，确立了社会主义基本制度。改革开放以来，我们党继续发挥马克思主义哲学的思想引领作用，坚持"实践是检验真理的唯一标准"，团结带领人民进行建设中国特色社会主义新的伟大实践，推动我国经济实力、综合国力、人民生活水平不断跨上新台阶，我国社会主义制度得到了极大巩固和发展。党的十八大以来，我们党坚持和运用马克思主义哲学的世界观和方法论，团结带领人民应对重大挑战、抵御重大风险、克服重大阻力、解决重大矛盾，解决了许多长期想解决而没有解决的难题，办成了许多过去想办而没有办成的大事，推动党和国家事业发生深层次、历史性变革，中华民族迎来了从站起来、富起来到强起来的伟大飞跃。

"**国之千秋系于政，千秋胜负决于理。**"中国共产党的历史证明，马克思主义历来是我们不可或缺的看家本领。每当历史转折，每逢关键时刻，只要我们坚持从实际出发，坚持实事求是的原则，坚持按唯物辩证法办事，坚持历史唯物主义基本原理，依靠人民，就有办法、有出路，就能变难为易、转败为胜。反之，任何违背马克思主义的主观主义、教条主义，任何脱离客观实际的"左"或右的思想，都会使党的事业遭受损失。回顾历史，可以清楚地看到，马克思主义哲学的科学性和实践性在中国得到了充分检验，它始终是我们党克敌制胜的传家宝，始终是我们必须一以贯之学习和运用好的强大思想武器。

共产党人必须把学好马克思主义作为看家本领。尽管马克思主义哲学诞生在一个半世纪之前,但由于它深刻揭示了客观世界特别是人类社会发展的一般规律,被历史和实践证明是科学的理论,在当今时代依然有着强大生命力,依然是指导我们共产党人前进的强大思想武器。马克思是共产党人的老祖宗,马克思主义是中国共产党人指导思想的理论基础。习近平总书记在纪念马克思诞辰 200 周年大会上强调,要"真正把马克思主义这个看家本领学精悟透用好"。**思想的引领,犹如征途中的旗帜、远航中的灯塔。**马克思主义是我们党的理论源头和精神旗帜,始终是我们认识世界、把握规律、追求真理、改造世界的强大思想武器。把马克思主义作为中国共产党人的看家本领,通俗、形象、到位,深刻揭示了马克思主义是中国共产党人认识世界、改造世界的科学世界观和方法论。如果放弃马克思主义,就是"自废武功"。中华民族要实现伟大复兴,就一定要把马克思主义这个看家本领学精悟透用好,不断从中汲取继续前进的科学智慧和理论力量。**念好"真经",才能跑好新征程。**学深悟透马克思主义是中国共产党人必备的基本功。中国共产党是一个乐于学习、勤于学习、善于学习的马克思主义先进政党。理论学习是中国共产党的基本功,是我们党掌舵领航、谋划全局、制定政策、推动工作的支撑性要素。毛泽东曾指出:"如果我们党有一百个至二百个系统地而不是零碎地、实际地而不是空洞地学会了马克思列宁主义的同志,就会大大地提高我们党的战斗力量。"习近平总书记强调:"马克思主义就是我们共产党人的'真经','真经'没念好,总想着'西天取经',就要贻误大事!"马克思主义是我们认识和改造世界的世界观和方法论，为我们提供了认识和改造客观世界、主观世界的思想武器、科学方法和强大精神力量。**以科学理论，点燃信仰的明灯**。马克思主义是中国共产党人理想信念的灵魂。共产党人的初心，不仅来自对人民的朴素感情、对真理的执着追求，更建立在马克思主义的科学理论之上。领导干部只有练好马克思主义"基本功"，熟练掌握马克思主义世界观和方法论，自觉运用马克思主义这个"望远镜"和"显微镜"认识事物，才能深刻探知人类社会发展规律、社会主义建设规律和共产党执政规律；才能自觉抵御错误思潮和腐朽生活方式的冲击，不断坚定共产主义理想信念；才能始终坚持正确政治方向、政治立场、政治观点，增强政治敏锐性和政治鉴别力，在大是大非面前旗帜鲜明、毫不含糊；才能正确观察事物、判断形势、分析问题，始终自觉地按客观规律办事。

牢牢掌握看家本领，才能应对"本领恐慌"。毛泽东在延安时期曾说："我们队伍里边有一种恐慌，不是经济恐慌，也不是政治恐慌，而是本领恐慌。"进入新时代，经济社会快速发展，全面深化改革持续推进，不少领导干部在工作中常面临老办法不管用、新办法不会用、硬办法不敢用、软办法不顶用的问题，出现不同程度的"知识恐慌""本领恐慌"，甚至影响了党的执政基础巩固，阻碍了地方高质量发展。应对"本领恐慌"，就要掌握看家本领，练就过硬本事，修好马克思主义这门必修课。**加强理论学习，掌握看家本领**。习近平总书记强调，我们党历来高度重视理论建设和理论教育，运用马克思主义基本原理指导中国的事情是我们的看家本领。只有学懂了马克思列宁主义、毛泽东思想、邓小平理论、"三个代表"重要思想、科学发展观、习近平新时代中国特色社会主义思想，特别是领会了贯穿其中的马克思主义立场、观点、方法，才能心明眼亮，才能深刻认识和准确把握共产党执政规律、社会主义建设规律、人类社会发展规律，才能始终坚定理想信念，才能在纷繁复杂的形势下坚持科学指导思想和正确前进方向，才能带领人民走对路，才能把新时代中国特色社会主义不断推向前进。**提升理论修养，增强创业底气**。拥有马克思主义科学理论指导是我们党鲜明的政治品格和强大的政治优势。实践告诉我们，中国共产党为什么能，中国特色社会主义为什么好，归根到底是马克思主义行。理论修养是干部综合素质的核心，理论上不彻底，就难以说服人。党员干部在理论学习的内容上要加强对历史唯物主义、辩证唯物主义、马克思主义政治经济学等内容的学习，在方法上要静下心来、自觉系统地学习马克思主义基本理论。要通过读马克思主义经典、悟马克思主义原理，真正把马克思主义这个看家本领学精悟透用好，创造性地运用马克思主义去分析和解决我们面临的实际问题。**薄技在身，胜握千金**。每个出色的领导干部，都有自己的一技之长，这是领导干部安身立命之本。新的历史时期，那种习惯指手画脚、耍嘴皮子的人已跟不上时代的步伐。领导干部要对标对表新时代好干部要求，把自身能力向组织需要看齐靠拢，善于学习，不断实践，丰富自身的知识素养，避免陷入少知而迷、不知而盲、无知而乱的困境，始终保持能力与岗位相匹配，干出更多实绩，取得更好成绩，真正做到本领高强。**没有金刚钻，揽不了瓷器活**。领导干部无论职位如何，首先要成为某一方面的专家，有两把过得硬的"刷子"，才能拥有自己的竞争力，从而在复杂形势中抢占先机、掌控局面，从容应对各种风险和挑战。如果仅仅具备一般性的素质和能力，就难以适应形势发展的需要、有效履行领导职责。

学好创新理论是根本

习近平总书记指出，坚持用马克思主义中国化时代化最新成果武装全党、指导实践、推动工作，是我们党创造历史、成就辉煌的一条重要经验。习近平新时代中国特色社会主义思想是当代中国马克思主义、二十一世纪马克思主义，是中华文化和中国精神的时代精华，实现了马克思主义中国化时代化新的飞跃，开辟了马克思主义中国化时代化的新境界。新征程上，党员干部要切实加强对党的创新理论的全面学习、全面把握、全面落实，坚持不懈用这一思想凝心铸魂，将其转化为坚定理想、锤炼党性和指导实践、推动工作的强大力量。

习近平新时代中国特色社会主义思想开辟了马克思主义中国化时代化的新境界。 当代中国正经历着我国历史上最为广泛而深刻的社会变革，也正在进行着人类历史上最为宏大而独特的实践创新。世界百年未有之大变局加速演进，中华民族伟大复兴进入关键时期，迫切需要继续推进马克思主义中国化时代化，科学回答中国之问、世界之问、人民之问、时代之问。**时代是思想之母，实践是理论之源。** 党的十八大以来，以习近平同志为核心的党中央统筹中华民族伟大复兴战略全局和世界百年未有之大变局，坚持把马克思主义基本原理同中国具体实际相结合、同中华优秀传统文化相结合，不断深化对人类社会发展规律、社会主义建设规律、共产党执政规律的认识，科学回答了新时代坚持和发展什么样的中国特色社会主义、怎样坚持和发展中国特色社会主义等重大时代课题，创立了习近平新时代中国特色社会主义思想。这一科学思想内涵十分丰富，涵盖新时代坚持和发展中国特色社会主义的总目标、总任务、总体布局、战略布局和发展方向、发展方式、发展动力、战略步骤、外部条件、政治保证等基本问题，涵盖改革发展稳定、内政外交国防、治党治国治军等方方面面，构成一个完整的科学体系。党的十九大、十九届六中全会提出的"十个明确""十四个坚持""十三个方面成就"概括了习近平新时代中国特色社会主义思想的主要内容。党的二十大提出的"六个必须坚持"概括阐述了习近平新时代中国特色社会主义思想的世界观、方法论和贯穿其中的立场观点方法。"十个明确""十四个坚持""十三个方面成就""六个必须坚持"内在贯通、有机统一，凝结着我们党认识世界、改造世界的宝贵经验和重大成果，体现了理论与实际相结合、认识论和方法论相统一的鲜明特色，共同构成习近平新时代中国特色社会主义思想的科学体系。**科学的理论总是与伟大的实践相互激荡。**习近平新时代中国特色社会主义思想是马克思主义中国化时代化的最新成果，实现了马克思主义中国化时代化新的飞跃。这一科学思想贯通马克思主义哲学、政治经济学、科学社会主义，贯通历史、现实和未来，贯通改革发展稳定、内政外交国防、治党治国治军等各领域，为丰富发展马克思主义作出了原创性贡献，为传承发展中华优秀传统文化作出了历史性贡献，为推动人类文明进步事业作出了世界性贡献。在这一科学思想指引下，我们党统揽伟大斗争、伟大工程、伟大事业、伟大梦想，统筹推进"五位一体"总体布局、协调推进"四个全面"战略布局，党和国家事业取得历史性成就、发生历史性变革，推动我国迈上全面建设社会主义现代化国家新征程，实现中华民族伟大复兴进入了不可逆转的历史进程。在当代中国，坚持和发展习近平新时代中国特色社会主义思想，就是真正坚持和发展马克思主义，就是真正坚持和发展科学社会主义。

习近平新时代中国特色社会主义思想是党和国家必须长期坚持的指导思想。习近平新时代中国特色社会主义思想植根于新时代坚持和发展中国特色社会主义的伟大实践，坚持理论指导和实践探索相统一，在指导实践、推动实践中展现出巨大真理力量和独特思想魅力，是经过实践检验、富有实践伟力的强大思想武器。**新思想指导新实践，新思想引领新征程。**新时代党和国家事业之所以取得历史性成就、发生历史性变革，最根本的原因在于有习近平总书记作为党中央的核心、全党的核心掌舵领航，在于有习近平新时代中国特色社会主义思想的科学指引。习近平新时代中国特色社会主义思想是为新时代伟大实践所证明的科学理论，是全党全国人民为实现中华民族伟大复兴而奋斗的行动指南，必须长期坚持并不断发展。当前，我国已经进入了实现中华民族伟大复兴的关键阶段。全面建设社会主义现代化国家、以中国式现代化全面推进中华民族伟大复兴，必须坚持把习近平新时代中国特色社会主义思想作为行动指南。**以思想定向领航、向思想寻策问道、用思想推动工作。**习近平新时代中国特色社会主义思想为新时代中国正在进行的伟大实践提供了科学指引。只有运用这一科学思想观察时代、把握时代、引领时代，才能更好地统筹中华民族伟大复兴战略全局和世界百年未有之大变局，深刻洞察时与势、危与机，积极识变应变求变。只有以这一科学思想为指导，推动中国式现代化取得新进展新突破，强化政治领导，丰富战略支撑，拓展实践路径，破解发展难题，激发动力活力，才能使中国式现代化的中国特色更加鲜明、优势更加彰显、前景更加光明。只有以这一科学思想为指导，解决经济社会发展中的各种矛盾和问题，完整、准确、全面贯彻新发展理念，加快构建新发展格局，推动高质量发展，促进共同富裕，才能为实现中华民族伟大复兴奠定雄厚物质基础。只有以这一科学思想为指导，防范化解重大风险，增强忧患意识，坚持底线思维，下好先手棋、打好主动仗，才能经受住中华民族伟大复兴进程中的各种风浪考验。只有以这一科学思想为指导，深入推进全面从严治党，时刻保持解决大党独有难题的清醒和坚定，确保党永远不变质、不变色、不变味，才能为强国建设、民族复兴提供根本保证。**实践发展永无止境，理论创新也永无止境。**习近平新时代中国特色社会主义思想是不断发展的开放的理论，必将随着实践进程不断深化，随着党的新的伟大事业和党的建设新的伟大工程的深入推进，随着强国建设、民族复兴伟业的全面拓展而持续发展、不断丰富、更加完善。新征程上，坚持以习近平新时代中国特色社会主义思想为指导，系统把握中国式现代化的理论体系，贯彻落实好全面建设社会主义现代化国家的战略部署，就一定能把中国式现代化的宏伟蓝图一步步变成现实，以中国式现代化全面推进中华民族伟大复兴。

坚持用马克思主义中国化时代化最新成果武装头脑、指导实践、推动工作。学习贯彻习近平新时代中国特色社会主义思想是新时代新征程开创事业发展新局面的根本要求。党员干部要坚持学思用贯通、知信行统一，把学习贯彻习近平新时代中国特色社会主义思想不断引向深入，为奋进新征程凝心聚力。**思想之光照**

亮奋进之路，伟大实践展现思想伟力。要坚持读原著学原文悟原理，坚持多思多想、学深悟透，全面学习领会习近平新时代中国特色社会主义思想的科学体系、精髓要义、实践要求，做到整体把握、融会贯通。对各领域提出的新理念、新思想、新战略，对各方面工作提出的具体要求，都要放在整个科学体系中来认识和把握，避免碎片化、片面性，不能只见树木、不见森林。**自觉做党的创新理论的笃信笃行者。**要通过深入学习领悟，不断增进对党的创新理论的政治认同、思想认同、理论认同、情感认同，坚定对马克思主义的信仰、对中国特色社会主义的信念、对实现中华民族伟大复兴中国梦的信心，自觉做习近平新时代中国特色社会主义思想的坚定信仰者、积极传播者、忠实实践者。要全面把握这一思想的世界观、方法论和贯穿其中的立场观点方法。科学的世界观和方法论是我们研究问题、解决问题的"总钥匙"。学深悟透习近平新时代中国特色社会主义思想，必须准确把握和运用好这一思想的世界观、方法论和贯穿其中的立场观点方法。"六个必须坚持"是习近平新时代中国特色社会主义思想的立场观点方法的重要体现，是对马克思主义世界观、方法论和立场观点方法的坚持、运用和发展，是深刻理解习近平新时代中国特色社会主义思想的基本点和"金钥匙"。只有准确把握包括"六个必须坚持"在内的习近平新时代中国特色社会主义思想的立场观点方法，才能更好地领会这一思想的精髓要义，才能把思想方法搞对头，认识问题才站得高，分析问题才看得深，开展工作也才能把得准。**理论的价值在于指导实践，学习的目的全在于运用。**学习习近平新时代中国特色社会主义思想，就要把这一思想转化为改造主观世界和客观世界的强大思想武器，真切感悟到科学理论的真理力量和实践伟力。党员干部要学习掌握习近平新时代中国特色社会主义思想关于坚定理想信念、提升思想境界、加强党性锻炼的一系列要求，包括不忘初心、牢记使命，胸怀"国之大者"，提高政治判断力、政治领悟力、政治执行力，"三严三实"，忠诚干净担当，为民务实清廉，等等，始终保持共产党人的政治本色。

理论上清醒才能做到政治上清醒

理论是实践的先导，思想是行动的指南。理论上是否清醒政治上是否坚定，是一个前提性和基础性问题。习近平总书记强调："只有理论上清醒才能有政治上清醒，只有理论上坚定才能有政治上坚定。"领导干部必须清醒地认识到，只有增强理论自信，坚持正确的政治方向，才能攻坚克难、砥砺前行，走好新时代的长征路。只有在理论上真学真懂真信真用，在理论问题大是大非上不含糊、不糊涂、不动摇、不回避、不沉默，才能在政治上成熟和坚定。

理论上越清醒，政治上才能越坚定。"知之愈深，行之愈笃。"信仰信念不是没有根基的空中楼阁，思想坚定更不能流于口头表态，而要建立在深厚的理论修养基础上。**信仰之力坚定前行方向。**保持理论上的清醒，是领导干部政治坚定的前提和基础。信仰不是盲目的，尤其是对共产主义的信仰，不仅是革命的激情和热望，更是思想上的洗礼和转向，在此过程中，从意见中突围的难度不亚于在战场中突围，只有经过艰辛的努力和不懈的斗争才能让信仰的红旗坚定地树立起来。掌握马克思主义理论的深度，决定着政治敏感的程度、思维视野的广度、思想境界的高度。思想的田野，真理不去占领，杂草就会丛生；心灵的家园，阳光不去播洒，霉菌就会疯长。捍卫思想阵地、坚定信仰，决不能容许"杂草"

"霉菌"肆意生长。领导干部的马克思主义理论基础扎实了，才能全面认识和把握各类复杂的矛盾和问题，敏锐地识别各种错误的观点和思潮，科学地制定各项政策和措施，也才能在各种复杂的局面中坚持正确的政治方向，保持政治定力。只有加强马克思主义理论武装，才能涵养政治定力，炼就政治慧眼，从一般事务中发现政治问题，从倾向性、苗头性问题中发现政治端倪，从错综复杂的矛盾关系中把握政治逻辑，才能在重大问题和关键环节上真正做到政治立场不移、政治方向不偏。**理想之光照亮奋斗之路。**保持理论上的清醒，是领导干部行动自觉的前提和基础。掌握马克思主义理论的深度，决定着政治敏感的程度、思维视野的广度、思想境界的高度。每一名领导干部都应当把学习党的创新理论当作一种神圣职责、一种精神境界、一种终身追求，在学思践悟中、在真信笃行中，把理论的力量转化为坚定的政治信仰。非凡的事业总有先进的思想做指引，伟大的实践总以科学的理论为先导。在全面建设社会主义现代化国家、向第二个百年奋斗目标进军的进程中，我们要深刻领悟"两个确立"的决定性意义，保持理论上的清醒、政治上的坚定，更加紧密地团结在以习近平同志为核心的党中央周围，全面贯彻习近平新时代中国特色社会主义思想，为全面建设社会主义现代化国家、全面推进中华民族伟大复兴而团结奋斗。

没有革命的理论就没有革命的行动。德国诗人海涅曾说："思想走在行动之前，就像闪电走在雷鸣之前一样。"人类社会发展进步的历史表明，先进的思想总是与非凡的事业彼此辉映，科学的理论总是与伟大的实践相互激荡。**高度重视和加强理论修养，是马克思主义政党建设的题中应有之义。**马克思指出："批判的武器当然不能代替武器的批判，物质力量只能用物质力量来摧毁；但是理论一经掌握群众，也会变成物质力量。"列宁指出："没有革命理论，就不会有坚强的社会主义政党，因为革命理论能使一切社会主义者团结起来，他们从革命理论中能取得一切信念，他们能运用革命理论来确定斗争方法和活动方式。"列宁认为，科学的革命理论对无产阶级政党发挥先锋作用和无产阶级运动的成败至关重要。只有以社会主义的科学理论作指导，才能正确制定党的纲领，以及实现纲领的路线、方针、政策，使党发挥政治上的先锋作用；同时，也只有坚持科学的革命理论，才能使党保持思想和组织的统一。从我们党的历史上看，由于理论上的不成熟、不清醒，曾犯过一些方向性、路线性的错误。当毛泽东把马列主义普遍真理与中国实践相结合，形成了一套完整的中国革命理论之后，我们党在政治上才逐步走向成熟和坚定，夺取了中国革命的伟大胜利。"**不能胜寸心，安能胜苍穹。**"历史经验告诉我们，一个政党没有成熟理论的引领，就会迷失方向、失去动力。越是在重大历史关头和时间节点，越需要加强理论武装。这样才能确保全党始终保持统一的思想、坚定的意志、协调的行动、强大的战斗力。知之愈明，则行之愈笃。不论是一个政党还是一个党员干部，理论都是前进的指路明灯、发展的科学指南。一个政党要想保持先进性与战斗力，就一刻不能没有理论武装与思想指引。领导干部只有不断强化理论武装，真学、常学、深学，才能学出政治忠诚，学出坚定信仰，学出斗争精神，学出人民情怀，学出使命担当。

理论创新每前进一步，理论武装就要跟进一步。习近平总书记指出："要炼就'金刚不坏之身',必须用科学理论武装头脑,不断培植我们的精神家园。"**先立乎其大者,则其小者弗能夺也。**政治上坚定是党员干部必须立起来的"大者",必须首先做到在基本的理论信仰、主要的理论观点、复杂的理论问题、具体的理论运用上清醒清晰。党的二十大擘画了全面建成社会主义现代化强国、以中国式现代化全面推进中华民族伟大复兴的宏伟蓝图,明确了新时代新征程党和国家事业发展的目标任务。面对错综复杂的国际国内形势、艰巨繁重的改革发展稳定任务、各种不确定难预料的风险挑战,实现党的二十大确定的战略目标,迫切需要广大党员干部特别是各级领导干部进一步深入学习贯彻习近平新时代中国特色社会主义思想。**把伟大思想融入血脉、铸入灵魂。**坚持不懈用习近平新时代中国特色社会主义思想凝心铸魂,关键要坚持守正创新、与时俱进,持续学深悟透、统一思想意志。党员干部要把系统掌握马克思主义基本理论作为看家本领。坚持原原本本学,把深入学习贯彻习近平新时代中国特色社会主义思想作为首要政治任务,原汁原味读原著、扎扎实实学原文、联系实际悟原理,把"两个确立""四个意识""四个自信""两个维护"融入灵魂和血液,从理论中学出政治忠诚、政治定力、政治担当、政治能力、政治自律;坚持融会贯通学,把学习习近平新时代中国特色社会主义思想与学习马克思主义经典著作结合起来,多学多思、多想多悟,做到知其然知其所以然;坚持联系实际学,把自己摆进去,把职责摆进去,把工作摆进去,不断提高运用科学理论指导应对重大挑战、抵御重大风险、克服重大阻力、化解重大矛盾、解决重大问题的能力。

要学而信、学而思、学而用。当下，有的党员干部在一些重大原则问题上是非不分、行为不当，给党和人民的事业造成损失，问题就出在放松了世界观改造，理论上不清醒，思想认识模糊。"问渠那得清如许，为有源头活水来。"理论上加强学习，思想上才能坚信不疑，意志上才可坚韧不拔，行动上才会坚定不移。**要学而信**。马克思主义深刻揭示了自然界、人类社会和思维发展的普遍规律，是迄今为止最科学、最严密、最有生命力的理论体系，党员干部只有掌握了马克思主义的科学理论武器特别是习近平新时代中国特色社会主义思想，才能辨明真假、分清是非，在重大原则问题上划清真理与谬误的界限，才能在政治风浪中站稳立场、把握方向，保持清醒的政治头脑和强大的政治定力，应对各种风险挑战。**要学而思**。思考是学习的深化，是将学习认知转化为自我感悟、内化于心的重要一环。只有学懂弄通马克思列宁主义、毛泽东思想、邓小平理论、"三个代表"重要思想、科学发展观、习近平新时代中国特色社会主义思想，系统掌握马克思主义基本原理，才能深化对共产党执政规律、社会主义建设规律、人类社会发展规律的认识，才能始终坚定理想信念，才能把新时代中国特色社会主义不断推向前进。**要学而用**。必须紧密结合地方实际、部门实际、行业实际、岗位实际，干中学、学中干，切实把学习成果转化为推进改革发展的强大动力。学会用马克思主义立场、观点、方法观察问题、分析问题、解决问题，形成学以致用、用以促学、学用相长的良性循环。

以学铸魂、以学增智、以学正风、以学促干

习近平总书记指出,实践性是马克思主义理论区别于其他理论的显著特征。学习习近平新时代中国特色社会主义思想的目的全在于运用,在于把这一思想变成改造主观世界和客观世界的强大思想武器。马克思主义理论学而不用,无异于坐而论道、凌空蹈虚。党员干部要持续强化理论武装,坚持学思用贯通、知信行统一,切实把习近平新时代中国特色社会主义思想转化为坚定理想、锤炼党性和指导实践、推动工作的强大力量,努力在以学铸魂、以学增智、以学正风、以学促干方面取得实实在在的成效,以新气象新作为创造经得起历史和人民检验的新业绩。

坚持以学铸魂,学出对党忠诚、信仰坚定的新境界。以学铸魂,就是要做好学习贯彻习近平新时代中国特色社会主义思想的深化、内化、转化工作,从思想上正本清源、固本培元,筑牢信仰之基、补足精神之钙、把稳思想之舵。**要坚定理想信念。**理想信念是中国共产党人的精神支柱和政治灵魂。共产党人如果没有理想信念,精神上就会"缺钙",就会得"软骨病"。党员干部只有增强对党的价值追求和前进方向的高度政治认同,把好世界观、人生观、价值观这个"总开关",才能在大是大非面前旗帜鲜明,在风浪考验面前无所畏惧,在各种诱惑面前立场坚定,在关键时刻让党信得过、靠得住、能放心。坚定的理想信念从何而来?关

键要建立在对马克思主义的深刻理解之上,建立在对历史规律的深刻把握之上。**要铸牢对党忠诚**。自觉坚持党的全面领导、坚定维护党中央权威和集中统一领导,不断提高政治判断力、政治领悟力、政治执行力,始终在政治立场、政治方向、政治原则、政治道路上同党中央保持高度一致,把对党忠诚体现到贯彻落实好党中央决策部署的实际行动上。**要站稳人民立场**。强化宗旨意识,坚守初心使命,践行党的群众路线,把人民群众满意不满意、赞成不赞成、答应不答应作为衡量工作的最高标准,解决好人民群众最关心最直接最现实的利益问题,把惠民生的事办实、暖民心的事办细、顺民意的事办好,让现代化建设成果更多、更公平惠及全体人民。

坚持以学增智,学出干事创业、克难攻坚的新本领。以学增智,就是从党的科学理论中悟规律、明方向、学方法、增智慧,把看家本领、兴党本领、强国本领真正学到手。党员干部要从习近平新时代中国特色社会主义思想中汲取奋发进取的智慧和力量,熟练掌握其中蕴含的领导方法、思想方法、工作方法,不断提高履职尽责的能力和水平。**要提升政治能力**。在领导干部干好工作所需的各种能力中,政治能力是第一位的。有了过硬的政治能力,才能在任何时候任何情况下都能"不畏浮云遮望眼""乱云飞渡仍从容"。领导干部要善于从党和人民的立场、党和国家工作大局出发想问题、作决策、办事情,善于从繁杂问题中把握事物的规律性、从苗头问题中发现事物的趋势性、从偶然问题中认识事物的必然性,善于驾驭复杂局面、凝聚社会力量、防范政治风险,切实担负好党和人民赋予的政治责任,真正成为政治上的明白人。**要提升思维能力**。思维能力是人类认识世界、改造世界能力的最直接体现。领导干部要把习近平新时代中国特色社会主义思想的世界观、方法论和贯穿其中的立场观点方法转化为自己的科学思想方法，作为研究问题、解决问题的"总钥匙"，切实提高战略思维、辩证思维、系统思维、创新思维、历史思维、法治思维、底线思维能力，做到善于把握事物本质、把握发展规律、把握工作关键、把握政策尺度，增强工作科学性、预见性、主动性、创造性。**要提升实践能力**。理论的价值在于指导实践，实践性是马克思主义理论区别于其他理论的显著特征。领导干部要发扬理论联系实际的优良学风，全面把握习近平新时代中国特色社会主义思想蕴含的一系列新理念新思想新战略的实践要求，增强推动高质量发展、服务群众、防范化解风险本领，加强斗争精神和斗争本领养成，着力增强防风险、迎挑战、抗打压能力，及时填知识空白、补素质短板、强能力弱项，不断提高专业化水平，努力成为行家里手、内行领导，更好地履行新时代新征程职责使命。

坚持以学正风，学出求真务实、勤廉干事的新气象。以学正风，就是要从习近平新时代中国特色社会主义思想中汲取强大人格力量，发扬党的优良传统和作风，大力整饬各种不正之风，涵养求真务实、清正廉洁的新风正气。党员干部要坚持以党性立身、做事，增强纪律意识、规矩意识，树立正确的权力观、政绩观、事业观，廉洁奉公，力戒"四风"，做良好政治生态和社会风气的引领者、营造者、维护者。**要大兴务实之风**。抓好调查研究，在察实情、出实招、求实效上下功夫，走好新时代党的群众路线，使调查研究的过程成为理论学习向实践运用转化的过程，成为转变作风、增进同群众感情的过程。要重实干求实效，切实把工作抓实、基础打实、步子迈实，力戒形式主义、官僚主义。始终牢记"空谈误国、实干兴邦",真抓实干、务求实效,以"时时放心不下"的责任感、积极担当作为的精气神为党和人民履好职、尽好责,以新气象新作为推动高质量发展取得新成效。**要弘扬清廉之风。**牢固树立正确权力观,保持对权力的敬畏感,牢记清廉是福、贪欲是祸的道理,做到公正用权、依法用权、为民用权、廉洁用权,推动形成清清爽爽的同志关系、规规矩矩的上下级关系、亲清统一的新型政商关系。全面查找廉洁风险点,筑牢思想防线,坚守法纪红线,任何时候都要稳得住心神、管得住行为、守得住清白。**要养成俭朴之风。**节俭朴素,力戒奢靡,是我们党的传家宝。领导干部要牢记"奢靡之始,危亡之渐"的古训,懂得清廉是福、贪欲是祸的道理,时刻警醒自己,坚决抵制享乐主义、奢靡之风,从一点一滴做起,从日常生活严起,保持严肃的生活作风、培养健康的生活情趣,增强自制力,做到慎独慎微。持之以恒落实中央八项规定精神,形成克己奉公、拒腐崇廉、戒奢尚俭、激浊扬清的理性自觉。永葆共产党人清正廉洁的政治本色,以好的作风振奋精神、激发斗志、树立形象、赢得民心。

坚持以学促干,学出担当作为、推动发展的新成效。"为学之实,固在践履。"以学促干,就是要锚定实干担当促发展的目标,匡正干的导向,增强干的动力,形成干的合力,自觉践行习近平新时代中国特色社会主义思想,用以改造客观世界、推动事业发展。**要树牢造福人民的政绩观。**人民性是马克思主义的本质属性,习近平新时代中国特色社会主义思想是来自人民、为了人民、造福人民的理论。党员干部要深刻把握"必须坚持人民至上"等党的创新理论的立场观点方法,牢记"为民造福是最大政绩",坚持以人民为中心的发展思想。坚持高质量发展,不搞贪大求洋、盲目蛮干、哗众取宠；坚持出实招求实效，不搞华而不实、投机取巧、数据造假；坚持打基础利长远，不搞急功近利、竭泽而渔、劳民伤财。始终把为老百姓办了多少好事实事作为检验政绩的重要标准，让中国式现代化建设成果更多更公平地惠及全体人民，努力创造经得起历史和人民检验的实绩。**要鼓足干事创业的精气神**。路是走出来的，事业是干出来的。唯有鼓足干事创业的精气神，始终保持锐意进取、敢为人先、迎难而上的奋斗姿态，积极担当作为、敢于善于斗争，才能胜利推进强国建设、民族复兴的历史伟业。党员干部要从习近平新时代中国特色社会主义思想中汲取奋发进取的智慧和力量，牢记"三个务必"，胸怀"国之大者"，保持必胜信念，紧紧围绕新时代新征程党的中心任务，聚焦问题、知难而进、迎难而上，全力战胜各种困难和挑战，奋力开创事业发展新局面。**要形成狠抓落实的好局面**。抓落实，既是党的政治路线、思想路线、群众路线的根本要求，也是衡量领导干部党性和政绩观的重要标志。领导干部要熟练掌握习近平新时代中国特色社会主义思想中蕴含的领导方法、思想方法、工作方法，不断提高履职尽责的能力和水平，坚定必胜信心、保持战略清醒、发扬斗争精神，不折不扣贯彻落实党中央决策部署，积极主动抓落实，聚合众力抓落实，以钉钉子精神抓落实，聚焦实际问题抓落实，在抓落实上取得新实效，推动中国式现代化取得新进展新突破。

切实做到真学真懂真信真用

马克思主义是我们立党立国的根本指导思想，是我们党的灵魂和旗帜，是共产党人的"真经"。党员干部要不断提高马克思主义思想觉悟和理论水平，保持对远大理想和奋斗目标的清醒认知和执着追求，特别是要持续推动学习贯彻习近平新时代中国特色社会主义思想往深里走、往实里走、往心里走，把学习成果转化为提升党性修养、思想境界、道德水平的精神营养，坚持真学真懂真信真用、务求入脑入心入魂入行。

做到常读常新下足"真学"之功，切实树牢强烈的政治自觉。真学是提高理论素养、增强理论自觉的前提。学习马克思主义基本理论是党员干部的必修课，只有修好这门课，在理论学习中吸收马克思主义的"养分"，我们才能坚定政治信仰、把准政治方向、站稳政治立场、提高政治能力。真学体现的是政治态度。党员干部要把学习马克思主义理论作为一种政治责任、一种工作态度、一种精神追求，舍得花精力，善于抓重点，注重讲方法，持之以恒地加强学习。**要老老实实读原著。**习近平总书记强调："在学习理论上，干部要舍得花精力。"学理论要下功夫读原著、学原文、悟原理，原原本本、逐章逐条、逐字逐句认真读、反复学，强读强记。要把握学习方法，全面系统学、及时跟进学、联系实际学、笃信笃行学，不断提高学习的针对性和实效性。要永不满足，与时俱进，常学常新，以科学的态度对待科学，以真理的精神追求真理，把读经典、悟原理当作生活习惯和精神追求，坚持自觉学习、终身学习。**要带着问题找答案。**在全面系统学习马克思主义及其中国化创新理论的基础上，把学习贯彻习近平新时代中国特色社会主义思想作为重中之重，善于从这一伟大思想中，特别是习近平总书记关于本地区、本领域工作的重要论述中找智慧、找方法、明思路，找准工作的着力点和突破口，把工作抓到点、抓到位，补齐短板弱项，消除顽瘴痼疾，不断研究新情况、解决新问题，不断提高推动高质量发展本领、服务群众本领、防范化解风险本领。**要善于总结促提升。**不断把书读"薄"，把理论功底练"厚"，做到学一次思想认识就深一层、思维能力就进一步；既做到学以释疑、学以解惑，又做到学以增智、学以长才；注重个人总结与相互交流相结合，在思想碰撞中把零散认识系统化、粗浅认识深刻化，努力熟练掌握马克思主义立场观点方法，使其真正成为我们的基本功和看家本领。

做到融会贯通下足"真懂"之功，深切领会其中的精髓要义。真懂是提高理论素养、增强理论自觉的关键。所谓真懂，就是懂根本、懂精髓。提升理论素养，不能浅尝辄止、浮于表层，不能囫囵吞枣、生搬硬套，不能断章取义、望文生义，更不能不懂装懂，务必原原本本学、原汁原味悟，做到懂得完整、懂得系统、懂得全面、懂得深刻。真懂体现的是政治觉悟。党员干部要在深学细悟、研机析理、融会贯通的学习中，感悟马克思主义的真理力量和实践力量。要从马克思主义及其中国化创新理论的由来、形成和发展中，准确掌握和运用辩证唯物主义和历史唯物主义，准确掌握贯穿其中的马克思主义立场、观点、方法，深入认识共产党执政规律、社会主义建设规律、人类社会发展规律。要深刻理解马克思主义及其中国化创新理论的时代背景、核心要义、理论精髓、实践要求，深刻领会其道理学理哲理，做到知其言更知其义，知其然更知其所以然。要把马克思主义及其中国化创新理论作为一个完整体系来把握，联系地而不是孤立地、系统地而不是零散地、全部地而不是局部地学习理解领会其精髓要义，准确把握其理论逻辑、历史逻辑、实践逻辑。学习习近平新时代中国特色社会主义思想要重点掌握深入浅出的方法，既要一头钻进去，读透深刻内容，触类旁通、延展拓展，又要善于提炼精髓精要，弄懂逻辑严密的科学体系、弄懂博大精深的核心要义、弄懂知行合一的实践要求。要深刻领悟蕴含其中的为民情怀，重点学习人民领袖至诚至厚的为民情怀，把全心全意为人民服务落到实处。要深刻领悟蕴含其中的科学思维，深入学习、深刻领悟其中蕴含着马克思主义政治家的战略思维、历史思维、辩证思维、创新思维、底线思维和法治思维等一系列治国理政的科学思维，以思维层次的提升引领工作本领的提升。要深刻领悟蕴含其中的实践方法，着重学习好、掌握好、运用好其中高瞻远瞩的认识论和高屋建瓴的方法论来谋划和推进工作，进一步增强工作的原则性、系统性、预见性和创造性。

做到铭记于心下足"真信"之功，永葆共产党人的政治本色。真信是提高理论素养、增强理论自觉的基础。对马克思主义的信仰，对社会主义和共产主义的信念，是共产党人的政治灵魂，是共产党人经受住任何考验的精神支柱。真信体现的是政治信仰。党员干部要带着信念学、带着感情学、带着使命学，真正学出坚定信念、学出绝对忠诚、学出使命担当，自觉做马克思主义的坚定信仰者、忠实实践者。要把理论学习成果内化为不可撼动的理想信念，更加坚定对马克思主义的信仰、对中国特色社会主义的信念、对实现中华民族伟大复兴中国梦的信心，做坚定的马克思主义者，无论是荣辱得失，还是生死考验，都能始终坚守马克思主义阵地，真正做到对马克思主义虔诚而执着、至信而深厚。要信奉它的基本原理、行为原则、理想追求、价值目标，不盲目崇拜和简单模仿，而是体现为把马克思主义理论付诸实践的主动精神和责任担当。要彰显对马克思主义的自信自觉，旗帜鲜明地坚持马克思主义指导地位，理直气壮地批驳怀疑、否定马克思主义指导地位的各种错误观点和错误思潮。要把理论学习成果内化为对党忠诚的政治品格，深刻领悟"两个确立"的决定性意义，增强"四个意识"、坚定"四个自信"、做到"两个维护"，在思想上政治上行动上同以习近平同志为核心的党中央保持高度一致。要把理论学习成果内化为严以律己的行为准则，带头把纪律和规矩挺在前面，时刻绷紧廉洁自律这根弦，心存敬畏、手握戒尺，慎独慎微、勤于自省，遵守党纪国法，做到为政清廉。坚定的信仰既是共产党人过去取得成功的关键，也是未来继续成功的保障。只有不断升华对马克思主义和党的创新理论的理性认识，将其内化为灵魂深处不可动摇的坚定信仰，在精神信仰中补足马克思主义的"钙"，才能永葆共产党人的政治本色，做到"风雨不动安如山"。

做到学以致用下足"真用"之功，奋力开创发展的时代新篇。真用是提高理论素养、增强理论自觉的目的。无用之学是清流，无用之言是空谈，学而不用等于不学。从某种意义上讲，真学、真懂、真信都是为真用准备的，只有真用，伟大思想理论才能变成活生生的实践，才能变成改造世界、推动历史的力量。真用体现的是政治担当。党员干部要坚持学习的目的全在于运用，把改造主观世界与改造客观世界结合起来，自觉以科学理论指导实践、推动工作。要大力弘扬理论联系实际的优良学风，把思想统一到习近平新时代中国特色社会主义思想上来，贯彻在行动上、落实到工作中，用发展着的马克思主义指导客观世界和主观世界的改造。紧密结合新时代新实践新要求，强化问题导向、实践导向、需求导向，把解决思想问题与解决实际问题结合起来，做到知行合一、学以致用，不断提高运用马克思主义立场观点方法分析和解决实际问题的能力。要坚持用党的创新理论最新成果指导各地区、各领域的工作，分析新形势、研究新情况，总结新经验、解决新问题，提出新思路、拿出新举措，不断开创工作新局面。要继续推进马克思主义中国化时代化大众化，继续发展当代中国马克思主义、二十一世纪马克思主义，更好地凝聚全国各族人民团结一心、共同奋斗的智慧和力量。要根据时代和实践的变化，创造性地发展和运用马克思主义，把科学理论应用于构建新发展格局、推动高质量发展的生动实践中，将深厚的理论素养转化为求真务实、笃行致远的执行力。在新时代新征程上，面对即将到来的风高浪急甚至惊涛骇浪的考验，我们的工作更需要科学理论的指导，更需要把科学理论的真理力量转化为推动高质量发展的充沛动能。必须把坚持马克思主义和发展马克思主义统一起来，将马克思主义科学理论运用于实践，在实践运用中开拓当代中国马克思主义的新境界，努力创造经得起人民和历史检验的新成绩。

理想信念坚定

习近平总书记强调："全面建设社会主义现代化国家，必须有一支政治过硬、适应新时代要求、具备领导现代化建设能力的干部队伍。"我们党对干部的要求，首先是政治上的要求，政治过硬是衡量新时代领导干部素质和能力的首要标准和根本要求。领导干部要把政治上过得硬、靠得住作为第一标准，坚定理想信念，忠诚于党和人民，深刻领悟"两个确立"的决定性意义，增强"四个意识"、坚定"四个自信"、做到"两个维护"，全面贯彻执行党的理论和路线方针政策，始终坚守政治忠诚、政治定力、政治担当、政治能力、政治自律。

恪守政治信念　坚定信仰不动摇

习近平总书记指出，新时期好干部的标准是"信念坚定、为民服务、勤政务实、敢于担当、清正廉洁"，为领导干部树立了努力追求的标杆。政治上过得硬是好干部的"硬标准"，其中最关键的是信念坚定，就是要相信和坚持马克思主义，相信和坚持中国特色社会主义，相信和坚持共产党的领导，不论遇到什么风浪，碰到什么挫折，面临什么诱惑，在这个问题上绝对信得过，绝对靠得住，绝对能放心。

坚定理想信念始终是共产党人安身立命的根本。理想远大、信念坚定，是一个政党、一个国家、一个民族无坚不摧的前进动力。习近平总书记强调："理想信念是共产党人精神上的'钙'，共产党人如果没有理想信念，精神上就会'缺钙'，就会得'软骨病'，必然导致政治上变质、经济上贪婪、道德上堕落、生活上腐化。"马克思主义信仰、共产主义远大理想、中国特色社会主义共同理想，是中国共产党人的精神支柱和政治灵魂。党员领导干部必须始终坚定共产主义远大理想，真诚信仰马克思主义，矢志不渝为中国特色社会主义而奋斗，坚持党的基本理论、基本路线、基本纲领、基本经验、基本要求不动摇。**革命理想高于天。**坚定理想信念、坚守共产党人精神追求，始终是共产党人安身立命的根本。对马克思主义的信仰、对社会主义和共产主义的信念，是共产党人的政治灵魂，是共产党人经受住任何考验的精神支柱。党员干部有了坚定理想信念，才能经得住各种考验，走得稳、走得远；没有理想信念，或者理想信念不坚定，就经不起风吹浪打，关键时刻就会私心杂念丛生，甚至临阵脱逃。从党的百年历史看，无数党员为了理想信仰献出了宝贵生命，也有不少人在艰苦条件和残酷斗争中动摇甚至背叛了自己的理想信仰。参加党的一大的13人中，王尽美、李汉俊、邓恩铭、何叔衡、陈潭秋5人牺牲，有的脱党，也有陈公博、周佛海、张国焘3人变节叛党。领导干部要牢记，坚定理想信念是终身课题，需要常修常炼，要信一辈子、守一辈子。三心二意、半途而废甚至背叛初衷就会出大问题。

心中有信仰，脚下有力量。红军长征二万五千里，何等艰难、何等险恶，没有牢不可破的理想信念，没有崇高理想信念的有力支撑，要取得长征胜利是不可想象的。党和红军几经挫折而不断奋起，历尽苦难而淬火成钢，归根到底在于心中的远大理想和革命信念始终坚定执着，始终闪耀着火热的光芒。邓小平说："过去我们党无论怎样弱小，无论遇到什么困难，一直有强大的战斗力，因为我们有马克思主义和共产主义的信念。有了共同的理想，也就有了铁的纪律。无论过去、现在和将来，这都是我们的真正优势。"在党一百多年的历史中，一代又一代共产党人为了追求民族独立和人民解放，不惜流血牺牲，靠的就是一种信仰，为的就是一个理想。领导干部要始终胸怀崇高理想、坚定信念，坚持全心全意为人民服务的根本宗旨，吃苦在前、享受在后，勤奋工作、廉洁奉公，坚持为理想而奋不顾身去拼搏、去奋斗、去献出自己的全部精力乃至生命。

保持理论清醒，坚定政治信仰。"求木之长者，必固其根本；

欲流之远者，必浚其泉源。"保持理论清醒是领导干部坚定政治信仰和行动自觉的前提和基础。**科学理论指引正确方向。**习近平总书记指出："坚定的理想信念，必须建立在对马克思主义的深刻理解之上，建立在对历史规律的深刻把握之上。"我们党的初心和使命是建立在马克思主义科学理论基础之上的。学习马克思主义基本理论是共产党人的必修课。领导干部的马克思主义理论基础扎实了，各方面知识丰富了，才能全面地认识和把握各种复杂的矛盾和问题，敏锐地识别各种错误的观点和思潮，科学地制定各项政策措施，也才能在各种复杂的局势中坚持正确的政治方向。**学好马克思主义这门必修课。**坚定信仰信念，强化政治意识，最重要、最根本的就是加强政治理论学习。马克思主义是共产党人的"真经"。共产党人与马克思主义是"体"和"魂"的关系，马克思主义是共产党人的科学世界观和理想信念之基，辩证唯物主义是我们最重要的思想方法、领导方法、工作方法。背离或放弃马克思主义，我们党就会失去灵魂、迷失方向。共产党人必须坚定马克思主义信仰，不断提高马克思主义思想觉悟和理论水平，使马克思主义世界观在灵魂深处深深扎根，绝不可将其模糊、淡化，或者口号化、标签化。领导干部坚定理想信念，就要深入学习马克思列宁主义、毛泽东思想、邓小平理论、"三个代表"重要思想、科学发展观、习近平新时代中国特色社会主义思想，保持对远大理想和奋斗目标的清醒认知和执着追求，让真理武装头脑，让真理指引理想，让真理坚定信仰。**持续强化党的创新理论武装。**科学理论入脑入心，共同理想才能虔诚而执着；党的理论创新成果广泛普及，道路自信、理论自信、制度自信、文化自信才能至信而深厚。领导干部要坚持不懈用马克思主义中国化最新成果武装头脑、凝心聚魂，坚定马克思主义信仰和共产主义理想，不断提高理论思维能力和思想政治水平。习近平新时代中国特色社会主义思想是新时代中国共产党的思想旗帜，是统一全党意志的"定盘星"，是廓清思想迷雾的"指南针"，是解决实际问题的"金钥匙"。领导干部要始终把学懂弄通做实习近平新时代中国特色社会主义思想作为首要政治任务和长期工作主题，坚持学而信、学而思、学而行，把学习成果转化为不可撼动的理想信念，转化为正确的世界观、人生观、价值观，用理想之光照亮奋斗之路，用信仰之力开创美好未来。

组织入党一生一次，思想入党一生一世。思想是行动的先导，思想追随和扎根才是最内在、最稳固的。衡量一名党员干部是否合格，关键看有没有彻底地在思想上、行动上入党，看是否有坚定的理想信念、坚强的党性。毛泽东曾深刻指出："有许多党员，在组织上入了党，思想上并没有完全入党，甚至完全没有入党。这种思想上没有入党的人，头脑里还装着许多剥削阶级的脏东西，根本不知道什么是无产阶级思想，什么是共产主义，什么是党。"这种人根本不是一个合格的党员，更别说担任领导干部职务。**入了党的门，就是党的人**。习近平总书记强调："如果党组织像个大车店、大卖场一样，想来就来，想走就走，那还能有什么核心力量？"党员加入了党组织，就有了党籍，就意味着有了组织归属和身份荣誉、有了特殊职责使命、有了严明的纪律规矩约束。只要成了组织的人，就不能朝三暮四、朝秦暮楚，必须把个人命运同党的命运血脉相融、荣辱与共，一心忠于党，一生跟党走。**思想入党只有起点，没有终点**。周恩来在《过好"五关"》中写道："每个党员从加入共产党起，就应该有这么一个认识：准备改造思想，一直改造到老。"正是深刻领悟到思想入党的长期性实践性艰巨性，他在 45 岁生日时制定了 7 条"修养要则"。党龄长并不等于党性强，职务高并不等于觉悟高。一个人的思想境界不会随着党龄的增加而自然提高，一个人的理想信念也不会随着职务的上升而必然坚定。思想入党好比万里长征，一步接一步，一步跟不上就会掉队落伍。只有一刻不停地加强主观世界改造，才能始终筑牢共产党人精神支柱和政治灵魂。**理想信念不是坚持一阵子，而是坚守一辈子。**无数革命前辈和时代楷模在坚定理想信念、坚守为民宗旨上为我们树立了榜样。南昌起义部队南下潮汕失败，朱德所部孤立无援，他挺身而出，稳住军心，斩钉截铁地说，黑暗是暂时的，要革命的跟我走，最后胜利一定是我们的。1975 年初，他在 89 岁高龄时还亲笔写下"革命到底"的条幅。杨善洲离休之后卷起铺盖扎根大亮山，义务带领大家植树造林，一干就是 22 年，以"干革命要干到脚直眼闭"的执着，硬是把荒山变成林海。正是有一批批这样始终坚定信仰信念、矢志为党和人民奉献一生一世的忠诚战士，我们党才更显伟大、更有力量、更加强大。选择加入中国共产党，就选择了信仰、选择了坚守、选择了奉献。无论处在什么位置，都要时刻想到自己是党的人、是组织的一员，时刻不忘党员义务和责任，永远对党忠诚、为党分忧、为党尽责，永葆共产党员的政治本色。

拥有政治定力　对党绝对忠诚

党员干部要增强政治意识、保持政治定力、把握政治方向、承担政治责任、提高政治能力，敢于斗争，善于斗争，攻坚克难，开拓创新，更好为党和人民工作。定力，是人们在改造客观世界和主观世界过程中，表现出的一种坚强意志、执着信念和道德操守。所谓政治定力，就是在思想上政治上排除各种干扰、消除各种困惑，坚持正确立场、保持正确方向的能力。领导干部保持政治定力，就要做到对党绝对忠诚，毫不动摇地坚持马克思主义和共产主义信仰，坚持中国特色社会主义，坚决与各种错误思想、错误行为作斗争，经受住各种政治考验。

始终保持政治定力，筑牢忠诚之基。 习近平总书记强调，领导干部要"涵养政治定力，炼就政治慧眼，恪守政治规矩，自觉做政治上的明白人、老实人"。领导干部只有炼就政治慧眼，砥砺政治勇气，保持政治定力，才能真正修好从政的"大德"，筑牢忠诚之基，做到花繁柳密处拨得开，风狂雨急中立得定，糖衣炮弹前打不倒。**一言一行有党性，大是大非辨忠诚。** "两刃相割，利钝乃知；二论相订，是非乃见。"明辨大是大非是干部的基本素质，是一个合格党员的起码要求，是体现党员先进性的最低标准。习近平总书记强调："坚决防止和克服嗅不出敌情、分不清是非、辨不明方向的政治麻痹症。"领导干部要炼就一双明辨是非的"政治慧眼",不畏浮云遮望眼,把支持什么、反对什么理直气壮地说出来、光明正大地做出来,不能当"好好先生""开明绅士",不能含糊其词、语焉不详、不明所以,要切实担负起党和人民赋予的政治责任。**千难万险何所惧,大战大考炼真金。**临危不乱、临危不惧是共产党人的优良传统,也是敢于担当、敢为人先的具体表现。当前,我们党正带领人民进行具有许多新的历史特点的伟大斗争。面对波谲云诡的国际形势和艰巨繁重的改革发展稳定任务,能否做到冲锋在前,直接考验着党员干部的政治勇气和政治能力。在进行伟大斗争、建设伟大工程、推进伟大事业、实现伟大梦想的实践中,领导干部要做起而行之的行动者、当攻坚克难的奋斗者,坚持守土有责、守土负责、守土尽责,做到危急关头敢挺身而出,困难面前敢较真碰硬。**临考验自从容,遇诱惑有定力。**领导干部身在高位、手握大权、肩负重任,往往会成为"围猎"的对象。中医上讲:"正气存内,邪不可干;邪之所凑,其气必虚。"没有坚定的政治定力,不仅干不好党和人民的事业,甚至还会因抵制不住个人的欲望和外界的诱惑,走上犯罪的道路。政治定力是政治成熟的一种标志,有了政治定力,才能不为外界所惑,在任何情况下都做到政治理想不变、政治立场不移、政治方向不偏、政治原则不弃。政治定力是抵御腐败的一剂良药,有了政治定力,才能始终慎独慎初慎微,做到眼不乱看、耳不乱听、脚不乱走、嘴不乱吃,避免金钱、权力、美色的诱惑。政治定力是干事创业的一道利器,有了政治定力,才能抵制那些不符合既定目标的愿望、动机、行为和情绪,排除一切内在的和外在的干扰,集中精力抓好各项决策落实。

始终砥砺鲜明品格,铸实忠诚之魂。忠诚是魂,魂固方能神聚；忠诚是根，根深方能叶茂；忠诚是源，源浚方能流长。习近平总书记强调："共产党人坚持的初心，就是对共产主义理想的坚定信仰，就是对党和人民事业的永远忠诚。"忠诚，常被用来规范君与臣、王与民、主与仆的关系，要求后者对前者忠贞不贰、俯首帖耳、言听计从。在千百年的文化演进中，忠诚已经演变成一种代表、象征内心信仰、精神面貌、行为动力的文化符号。对共产党人而言，忠诚是政治品格的本质和核心，是保持政治定力的基本体现，是共产党人生命中不可缺少的重要元素。忠诚一旦入脑入心、铸进灵魂、融于血液，就会让人超越现实功利去追求心中所向，超越有限生命去追求无限伟业。**对党忠诚是共产党人鲜明的品格。**忠诚是一面镜子，照出的是信仰信念；忠诚是一面旗帜，折射的是精神面貌；忠诚是一种方向，鞭策的是前进的步伐。对党忠诚，是共产党人首要的政治品质。我们党一路走来，经历了无数艰险和磨难，但任何困难都没有压垮我们，任何敌人都没能打倒我们，靠的就是千千万万党员的忠诚。作为共产党人，无数革命先辈用生命和鲜血告诉我们，忠诚是"只要红军胜利，区区一个朱德又何惜"的崇高信仰，是抗美援朝志愿军"雄赳赳气昂昂跨过鸭绿江"的浩然正气，是一代又一代的共产党人"逢山开路遇水架桥，杀出一条血路来"的力量源泉。忠诚，不仅是每位共产党人在党旗面前的庄严承诺，更代表着信仰、精神和力量，是对党、国家、人民绝对忠诚、绝对纯洁、绝对可靠的政治本色和政治品质。如果缺少了信仰，没有精神、丧失动力，忠诚就成了无源之水、无本之木，即使有一时的忠诚，也不能持续而坚定。领导干部在任何时候任何情况下都要初心不改、矢志不渝。**忠诚之根在信仰，忠诚之魂在精神，忠诚之源在行动。**领导干部必须忠诚于党的信仰，加强理论学习和实践磨练，不断自我净化、自我完善、自我革新、自我提高，坚定马克思主义信仰，做到对党绝对忠诚、对人民绝对忠诚、对组织绝对忠诚、对事业绝对忠诚。必须挺起精神的脊梁，自觉接受党内政治生活锻炼，增强党内政治生活的政治性、时代性、原则性、战斗性，严明政治纪律和政治规矩，认真对照党章党规党纪，检视反思、纠正错误，锻造过硬政治素质，塑造优秀政治品格。必须把忠诚付诸行动，在解决复杂问题中历练本领，在攻坚克难中提升能力，主动到一线"墩苗淬炼"，拜人民为师，在大风大浪的考验中，在急事难事的磨练中，把握方向、站稳立场、迎难而上、克敌制胜。

始终坚持知行合一，落实忠诚之行。忠诚不是抽象的概念、纸上的口号，而是有着鲜明的实践品格，是贯穿于时时事事的精神底色。习近平总书记强调："忠诚和信仰是具体的、实践的。"对于领导干部而言，老老实实做人、踏踏实实做事、兢兢业业工作，就是对党和人民最大的忠诚。忠诚是心头的信念、脚下的行动，体现在做人、做事、工作中，落实在一言一行、一举一动中。领导干部要做到对党绝对忠诚，必须不断加强党性锻炼，脚踏实地，把忠诚书写在前行的征途上、火热的实践中，做老实人、办老实事、勤恳工作。**对党忠诚源自点点滴滴、贯穿时时事事。**对党忠诚，不是虚无缥缈的，不是不着边际的。忠诚的落脚点贵在做老实人、办老实事、兢兢业业工作上。在这方面，老一辈革命家更是表里如一，为后人留下光辉典范。任弼时一生勤恳工作、任劳任怨。叶剑英评价他"是我们党的骆驼，中国人民的骆驼，担负着沉重的担子，走着漫长的艰苦的道路，没有休息，没有享受，没有个人的任何计较"。罗荣桓也多次被毛泽东誉为"老实人"。宁都会议后，毛泽东被解除了领导职务，罗荣桓因坚持真理多次支持毛泽东的主张也被撤了职，但他始终忠诚于党，老老实实地为党工作。在世界上要办成几件事，没有老老实实的态度是根本不行的，我们共产党人都要做老实人。可见，对党忠诚不是喊出来的，行得正、做得实、干得好，就是对党忠诚最直白的流露、最真实的表达。**忠不忠看行动，诚不诚看过程。**做人做事，做到竭诚尽责就是忠的表现。是老实还是奸诈，是踏实还是浮夸，是勤奋还是懒惰，组织和群众都能看得见、辨得出。在那些落马的干部中，有的热衷于喊口号、表忠心，实则是当面一套、背后一套；有的在公开场合大喊苦干实干，私下却庸、懒、散；有的讲起道理头头是道，干起工作来却拈轻怕重，不担当、不作为。一旦把忠诚仅仅当成口头上的表态，视为捞取政治资本的工具，这便是假忠诚、伪忠诚、不忠诚。对党忠诚，必须一心一意、一以贯之，必须表里如一、知行合一，任何时候任何情况下都不改其心、不移其志、不毁其节。领导干部要坚定坚持党的领导，坚决维护党中央权威和集中统一领导，自觉在思想上政治上行动上同党中央保持高度一致。要坚决贯彻执行党的理论和路线方针政策，不折不扣地把党中央决策部署落到实处。要严守党的政治纪律和政治规矩，做政治上的明白人、老实人。要坚持党和人民事业高于一切，自觉执行组织决定，服从组织安排。任何时候任何情况下，党的领导干部在政治上都要站得稳、靠得住，对党忠诚老实、与党中央同心同德，听党指挥、为党尽责。

强化政治意识　拥护"两个确立"做到"两个维护"

习近平总书记强调："作为党的干部，不论在什么地方、在哪个岗位上工作，都要增强党性立场和政治意识，经得起风浪考验。"政治意识是党员干部的政治信仰、政治认知、政治立场，以及对政治现象的态度和评价等。强化政治意识，是马克思主义政党保持战斗力的必然要求，是我们党的鲜明特点和特有优势，是落实党要管党全面从严治党要求的首要任务，也是我们党对干部的一贯要求。领导干部必须时刻绷紧政治意识这根弦，善于从政治上看待分析和处理问题；必须带头旗帜鲜明讲政治，坚定不移做"两个确立"忠诚拥护者、"两个维护"示范引领者。

政治意识是最重要、最根本、最关键的意识。政治属性是政党的第一属性，政治建设是政党建设的第一要求。现代意义上的政党，都是围绕一定的政治纲领、政治路线、政治目标而凝聚起来的政治组织，不讲政治就不称其为政党，丢掉政治本色就意味着改弦更张。作为一个政治组织，必须保持清醒的政治头脑，保持敏锐的政治观察力和鉴别力，坚定正确的政治立场，始终坚守对马克思主义的信仰、对中国特色社会主义和共产主义的信念、对党和人民的绝对忠诚。**政治是灵魂、是统帅、是根本。**没有正确的政治观点，就等于没有灵魂。对共产党人来说，不讲政治、缺乏起码的政治意识就很容易出问题。习近平总书记反复强调，领导干部一定要"炼就一双政治慧眼，不畏浮云遮望眼，切实担负起党和人民赋予的政治责任""政治上不合格，经不起风浪，这样的干部能耐再大也不是我们党需要的好干部"。政治上出了问题，就会在大是大非面前丧失立场，在风浪考验中失去定力，在利益诱惑之下丢弃操守，甚至走向党和人民的对立面，滑向腐败犯罪的深渊，不仅会严重损害党的形象，还会严重破坏党的团结统一，甚至严重威胁党的执政地位。这样的人，能力越强、职位越高，危害就越大。**政治问题任何时候都是根本性的大问题。**历史反复证明，什么时候全党讲政治，党内就风清气正、团结统一，充满生机活力，党的事业就蓬勃发展；反之，就弊病丛生、人心涣散、丧失斗志，党的事业也会因之受损。讲政治是我们党补钙壮骨、强身健体的根本保证，是我们党培养自我革命勇气、增强自我净化能力、提高排毒杀菌政治免疫力的根本途径。讲政治是共产党人的立身之本，政治素质在领导干部的综合素质中起着全面统领的基础性作用，是思想的定海神针、行动的方向指南。领导干部要时刻绷紧旗帜鲜明讲政治这根弦，使讲政治的要求从外部要求转化为内在主动，在大是大非面前、在政治原则问题上做到头脑特别清醒、立场特别坚定，决不当两面派、做两面人。要坚定执行党的政治路线，严格遵守政治纪律和政治规矩，始终在政治立场、政治方向、政治原则、政治道路上同以习近平同志为核心的党中央保持高度一致。

把"两个确立""两个维护"铸入血脉、融入行动。作为领导干部，旗帜鲜明讲政治是第一位的要求，绝对忠诚、绝对可靠是第一位的标准。要始终把牢方向盘，深刻领悟"两个确立"的决定性意义，在增强"四个意识"、坚定"四个自信"、做到"两个维护"上走在前、作表率，提升信仰度、增强忠诚度、淬炼纯净度。要对准坐标系，时时对表、事事对标习近平总书记重要指示要求和党中央决策部署，坚决做到"党叫干啥就干啥，党不叫干啥就不干啥"，确保方向没有偏差、行动没有温差、成效没有落差。**深刻领悟"两个确立"的决定性意义。**坚强的领导核心、科学的理论指导始终是关系党和国家前途命运、党和人民事业兴衰成败的根本性问题。大船千钧，掌舵一人。党的十九届六中全会指出，党确立习近平同志党中央的核心、全党的核心地位，确立习近平新时代中国特色社会主义思想的指导地位，反映了全党全军全国各族人民共同心愿，对新时代党和国家事业发展、对推进中华民族伟大复兴历史进程具有决定性意义。实践充分证明，"两个确立"是新时代党和国家事业取得历史性成就、发生历史性变革的决定性因素，是党和人民应对一切不确定性的最大确定性、最大底气、最大保证。在前进道路上，不管面对风高浪急还是惊涛骇浪的任何考验，只要有习近平总书记掌舵领航，有习近平新时代中国特色社会主义思想科学指引，中华民族伟大复兴的巍巍巨轮就有了主心骨，全党全国各族人民就更有志气骨气底气。"两个确立"作为党在新时代取得的重大政治成果，已经写在了新时代的伟大征程上、写在了全党全军全国各族人民的心坎上，必须倍加珍惜、坚定维护、长期坚持。领导干部要以高度的政治责任感坚定拥护"两个确立"，坚决做到"两个维护"，自觉在思想上政治上行动上同以习近平同志为核心的党中央保持高度一致。**必须把"两个维护"落到实处、见诸行动。**坚决维护习近平总书记党中央的核心、全党的核心地位，坚决维护党中央权威和集中统一领导，是党的十八大以来我们党的重大政治成果和宝贵经验，是最根本的政治纪律和政治规矩，是检验党员、干部理想信念、政治立场、党性修养和能力作风的试金石。领导干部做到"两个维护"，关键在于内化于心、外化于行，就是思想上高度认同、政治上坚决维护、组织上充分信任、行动上紧紧跟随以习近平同志为核心的党中央。"两个维护"的内涵是特定的、统一的。要深刻认识"两个维护"的政治内涵，核心只有党中央的核心，看齐只能向党中央看齐，不能层层讲"核心"、层层喊"看齐"。做到"两个维护"，不能只停留在口头表态上，要体现在坚决贯彻习近平总书记重要指示批示精神和党中央决策部署的行动上，体现在履职尽责、做好本职工作的实效上，体现在党员、干部的日常言行上。任何时候任何情况下都要坚持同党中央保持高度一致，在党中央统一指挥的合奏中形成和声，决不能荒腔走板、变味走调；任何时候任何情况下都要坚持以党的旗帜为旗帜、以党的方向为方向、以党的意志为意志，做到党中央提倡的坚决响应，党中央决定的坚决照办，党中央禁止的坚决不做，时常对标对表，及时校正偏差；任何时候任何情况下都要与党中央同心同德，真心爱党、时刻忧党、坚定护党、全力兴党。

讲政治是具体的、一以贯之的。 政治意识不是抽象的，而是具体实在的，要体现在实际行动中、体现在领导干部的政治能力上。党的领导干部特别是高级干部，作为主政一方、掌管一域的带头人，政治能力与担任的领导职责必须相匹配，这是党性修炼的必然，也是带领队伍攻坚克难的必需。习近平总书记强调："各级干部特别是领导干部要善于从政治上看问题，站稳立场、把准方向",要"加强政治历练,积累政治经验,自觉把讲政治贯穿于党性锻炼全过程"。这对领导干部的政治能力提出了具体的要求。**讲政治,既是一种认识,更是一种能力。**讲政治并不是喊空洞的口号、搞苍白的表态、做无用的虚功,关键在于落到实处。政治能力是把握方向、把握大势、把握全局的能力,是保持政治定力、驾驭政治局面、防范政治风险的能力。对领导干部来说,政治素质是第一素质,政治能力是第一能力,会不会、能不能、善不善于从政治上来看待和解决问题,反映出一名领导干部的政治水平和政治能力。领导干部要善于从政治高度去发现问题、思考问题、分析问题、解决问题,做到观察分析形势考虑政治因素、出台政策措施重视政治影响、部署推进工作把握政治要求、处置敏感问题防范政治风险,在任何时候、任何情况下都做到政治信仰不变、政治立场不移、政治方向不偏。要加强思想淬炼、政治历练、实践锻炼、专业训练,以不怕苦不怕累、敢啃硬骨头的精气神,在遇到大事、难事、急事时积极请战,自觉经受"多向锻造",直到手上"磨出茧",脚上"走出道",在改革发展的主战场、维护稳定的第一线、服务群众的最前沿经风雨、见世面、壮筋骨、长才干,在破解一个个难题中不断增强政治能力。**讲政治,就要一以贯之把政治纪律和政治规矩挺在前面。**严明政治纪律和政治规矩,是马克思主义政党的本质特征,是旗帜鲜明讲政治的集中体现。领导干部是不是真讲政治、讲真政治,关键看是不是严守政治纪律和政治规矩。抓住了这个"纲",就能纲举而目张,带动组织纪律、廉洁纪律、群众纪律、工作纪律、生活纪律严起来。如果党的政治纪律成了摆设,就会形成"破窗效应",使党的章程、原则、制度部署丧失严肃性和权威性,党就会沦为各取所需、自行其是的"大车店""私人俱乐部"。要始终把政治纪律和政治规矩挺在前面，坚持纪严于法、纪在法前，绝不越雷池一步，自觉做政治纪律和政治规矩的坚决捍卫者，遵守国家法律，带头尊法学法守法用法，强化自我约束，任何时候都不放纵、不越轨、不逾矩。

增强政治"三力" 不断提高政治能力

习近平总书记强调:"必须增强政治意识,善于从政治上看问题,善于把握政治大局,不断提高政治判断力、政治领悟力、政治执行力。"提高"政治三力",是把"政治上过得硬"落到实处的必然要求,也是新时代领导干部锤炼政治能力的应有之义。提高"政治三力"的过程就是用习近平新时代中国特色社会主义思想武装头脑、指导实践、推动工作的过程,是使"讲政治"从外部要求转化为内在主动的过程。领导干部必须认识到,提高政治能力就要增强政治意识,善于从政治上看问题,善于把握政治大局,不断提高"政治三力"。

始终坚定信念不动摇,提高政治判断力。政治判断力居"三力"之首,构成了政治能力谱系建设的基础和重要内容。提高政治判断力,就是运用马克思主义立场观点方法,科学把握形势变化、精准识别现象本质、清醒明辨行为是非、有效抵御风险挑战的能力。提高政治判断力重在判断,做到心明眼亮、多谋善断。这是提高政治能力的基础性要求。对于工作中遇到的问题,如果不从政治上进行分析和判断,站位就不可能高,就会陷入头痛医头、脚痛医脚的被动局面,无法从根本上分析和解决问题。领导干部必须以国家政治安全为大、以人民为重、以坚持和发展中国特色社会主义为本,科学把握形势变化,观大势、谋大事,自觉在大局下想问题、做工作，善于思考涉及党和国家工作大局的根本性、全局性、长远性问题，加强战略性、系统性、前瞻性研究谋划。**要把握"大局大势"。**深刻理解并牢牢把握国内国际发展大局。习近平总书记指出："当今世界正经历百年未有之大变局，但时与势在我们一边，这是我们定力和底气所在，也是我们的决心和信心所在。"这是当前最大的形势。把握发展大势，就是要将事物的发展放在中华民族伟大复兴的战略全局和世界百年未有之大变局的大背景下进行客观分析，善于思考涉及党和国家工作大局的根本性、全局性、长远性问题，加强战略性、系统性、前瞻性研究谋划，做到在重大问题和关键环节上头脑特别清醒、眼睛特别明亮。**要炼就"政治慧眼"。**增长草摇叶响知鹿过、松风一起知虎来、一叶易色而知天下秋的见微知著能力。精准识别现象和本质，不为乱花迷眼、浮云遮眼。从纷繁复杂的大量现象中看到事物本质，从事物相互联系中发现潜在风险，从苗头性、倾向性问题中洞察重大隐患，对发现的问题抽丝剥茧，发现共性和规律性问题，把问题抽象、归纳、提炼出来，推动党的路线方针政策贯彻下去。注重从客观规律出发，实事求是，按照规律分析和把握事物的本质和发展趋势，并以此进行工作部署。科学预判和分析潜在风险，见微知著、未雨绸缪，有效抵御风险挑战。**要保持"头脑清醒"。**加强党的创新理论武装，使之成为认识世界、改造世界的强大精神武器，从而能够全面认识和把握各类复杂的矛盾和问题，敏锐地识别各种错误的观点和思潮，善于从一般事务中发现政治问题，善于从倾向性、苗头性问题中发现政治端倪，善于从错综复杂的矛盾关系中把握政治逻辑，清醒明辨行为是非，以确保坚持政治立场不移、政治方向不偏，在重大原则问题上立场坚定、是非分明、敢于斗争。

始终勤学善思不迷茫，提高政治领悟力。政治上过硬必须提高政治领悟力。提高政治领悟力，就是要对党中央精神深钻细研、领会要义，对"国之大者"了然于胸，明确职责定位，坚持用党中央精神分析形势、推动工作，始终同党中央保持高度一致。过硬的政治领悟力要求能够对理论、政策和要求进行正确的认识、准确的把握和科学的运用。"一了千明，一迷万惑。"对于身处党和国家权力运行中枢的领导干部，只有拥有超凡的领悟力，才会产生具有前瞻性的判断力。当前，站在新的历史起点上，我们迈上全面建设社会主义现代化国家的新征程，领导干部必须坚定政治立场、增强政治意识，不断提高政治领悟力。提高政治领悟力重在领悟，做到学深悟透、融会贯通。**要学深悟透强本领。**深入学习马克思主义基本理论，学懂弄通做实习近平新时代中国特色社会主义思想这一当代中国马克思主义、二十一世纪马克思主义，努力做到知其言更知其义，知其然更知其所以然，在深层次上领悟其思想精髓，做到学有所得、学有所获，学出坚定信仰、学出使命担当。要坚持用功用心用情学习，做学习的"有心人"，不断地向人民群众学习、向社会实践学习、向原典原著学习，厚植提高政治领悟力的"智识"基础。**要善化理论为方法。**领导干部政治领悟力强不强，在很大程度上取决于能否化理论为方法。要在学深悟透党中央精神基础上，紧密联系具体工作实际进行思考、领会和体悟，多问几个为什么，做到学有所思、思有所悟，融会贯通、触类旁通。必须既学习领会习近平新时代中国特色社会主义思想基本内容，又要准确理解掌握贯穿其中的马克思主义立场观点方法。既吃透党中央精神，又能坚持用党中央精神分析形势、推动工作。既要吃透"上头",也要吃透"下头",结合各地区各部门实际,创造性地贯彻落实党中央决策部署,实现党中央精神到地方实际工作的有效转化。**要胸怀"国之大者"。**不谋全局者,不足谋一域。提高政治领悟力,就要时刻关注党中央在关心什么、强调什么,深刻领会什么是党和国家最重要的利益、什么是最需要坚定维护的立场。领导干部要把得牢守得住党和国家重大原则、重大立场和重大利益,自觉站在党和国家战略全局、政治大局上想问题、作决策、办事情。要看得清辨得明大势、大局和大事,明确自己的职责定位,弄清楚该干什么、不该干什么、该怎么干。要有大格局、大担当、大作为,准确把握党中央精神的核心要义、实践要求,紧密结合本地区本部门实际,解构为具体任务、具体政策、具体举措。

始终拼搏奋斗不停步,提高政治执行力。政治能力是否得到提高,与政治执行力强不强密切相关。执行力就是保质保量完成既定任务的能力。提高政治执行力,就是要经常同党中央精神对表对标,切实做到党中央提倡的坚决响应,党中央决定的坚决执行,党中央禁止的坚决不做,坚决维护党中央权威和集中统一领导,做到不掉队、不走偏,不折不扣抓好党中央精神贯彻落实。提高政治执行力重在执行,做到知行合一、贯彻落实。对于领导干部而言,提升政治执行力就是要发挥"关键少数"的作用,强化责任担当,发扬钉钉子精神,脚踏实地、善作善成,确保党中央的各项决策部署落到实处、取得实效。**要坚决做到令行禁止。**"盖天下之事,不难于立法,而难于法之必行。不难于听言,而难于言之必效。"领导干部要严守党的政治纪律和政治规矩,坚定拥护"两个确立",在任何时候任何情况下始终同以习近平同志为核心的党中央保持高度一致，在增强"四个意识"、坚定"四个自信"、做到"两个维护"上当好表率，以党中央精神为准，把准方向、踩稳步子、跟上节奏，牢牢把握推进中国式现代化这个最大的政治，坚持高质量发展这个新时代的硬道理，加强科学谋划，深化改革创新，切实把党中央决策部署贯彻落实到各地区各部门各方面工作中去。**要始终坚持底线思维。**"豫备不虞，古之善政；安不忘危，有国常典。"今后一个时期，可能是我国发展面临的各方面风险不断积累甚至集中显露的时期。越是在不进则退、非进不可的时候，我们越要把底线思维和风险防控摆在更加突出的位置，站在政治和全局高度贯彻落实党中央决策部署，善于运用底线思维方法，凡事从坏处准备，努力争取最好的结果，牢牢把握主动权，做到"任凭风浪起，稳坐钓鱼台"。要敢于正视问题、善于发现问题，科学分析问题、深入研究问题，敢于触及矛盾、长于解决问题，以解决问题为工作导向，把化解矛盾、破解难题作为工作的第一要务。**要突出强化责任意识。**担当是领导干部必备的基本素质。提高政治执行力，就要强化责任意识，知责于心、担责于身、履责于行，以坚定的政治方向和实干精神，自觉把使命放在心上、把责任扛在肩上，敢于较真碰硬、敢于攻坚克难。看准了的事情，就要拿出政治勇气来，坚定不移干，切实做到守土有责、守土负责、守土尽责，以实际行动做党的路线方针政策的坚定维护者和坚决执行者。

提高政治免疫力　永葆共产党人的政治本色

　　政治免疫力是一种内在防御机制，是党员干部在面对外界形形色色诱惑时依然能够坚守信仰、严于律己的定力。增强政治免疫力是一项系统工程，要求党员干部要始终保持政治上的清醒和坚定，在内心深处树立不放纵、不越轨、不逾矩的自律信条。领导干部要着力提高政治免疫力，定期进行政治体检，坚持问题导向，正视自身不足，以"刮骨疗毒"的决心和勇气，真正守好政治生命线，永葆共产党人对党忠诚、人民至上、实事求是、清正廉洁的政治本色。

　　把党的伟大自我革命进行到底。我们党历史这么长、规模这么大、执政这么久，如何跳出治乱兴衰的历史周期率？习近平总书记深刻指出："毛泽东同志在延安的窑洞里给出了第一个答案，这就是'让人民来监督政府'；经过百年奋斗特别是党的十八大以来新的实践，党又给出了第二个答案，这就是自我革命。"党的十八大以来，习近平总书记以马克思主义政治家、思想家、战略家的非凡理论勇气、卓越政治智慧、强烈使命担当，创造性地提出一系列管党治党、兴党强党的新理念新思想新战略，形成了习近平总书记关于党的自我革命的重要思想。这一重要思想指引百年大党开辟了自我革命的新境界，为中国共产党人以全面治党之严筑牢行稳致远之基提供了根本遵循。习近平总书记进一步明确提出，在深入推进党的自我革命实践中要以解决大党独有难题为主攻方向，时刻保持解决大党独有难题的清醒和坚定。新时代新征程，我们要以习近平总书记关于党的自我革命的重要思想为指引，沿着习近平总书记指引的方向探索破解问题的办法，有力、有序、有效解决大党独有难题。**坚定拥护"两个确立"、坚决做到"两个维护"。** 推进党的自我革命，解决大党独有难题，事关党长期执政、国家长治久安、人民幸福安康，如果没有坚强的领导核心、科学的理论指引，是难以想象也难以实施的。新征程上，必须更加深刻领悟"两个确立"的决定性意义，增强"四个意识"、坚定"四个自信"、做到"两个维护"，更加自觉地忠诚核心、拥戴核心、维护核心、捍卫核心，这是解决大党独有难题的最大确定性、最大底气、最大保证。**推动新时代党的自我革命向纵深发展。** 自我革命是我们党百余年奋斗锤炼出来的鲜明品格，是党永葆旺盛生命力和强大战斗力的重要法宝。领导干部要充分发扬彻底的革命精神，准确把握推进自我革命"九个以"的实践要求，不断深化对党的自我革命的规律性认识，把党的自我革命的思路举措搞得更加严密，把每条战线、每个环节的自我革命抓具体、抓深入，以自我革命的深入推进引领带动大党独有难题的有效解决。要自觉用习近平总书记关于党的自我革命的重要思想改造主观世界，涵养政治定力，涵养品格修养，涵养道德操守，以"君子检身，常若有过"的态度来检视自己的思想言行，强化自我修炼、自我约束、自我改造，时刻自重自省自警自励，以永远吹冲锋号的精神状态，持续发力、纵深推进，把严的基调、严的措施、严的氛围长期坚持下去，把党的伟大自我革命进行到底。

把严肃党内政治生活放在更加突出位置。 习近平总书记指出，严肃党内政治生活、净化党内政治生态，是我们党坚持党的性质和宗旨的重要法宝，是我们党实现自我净化、自我完善、自我革新、自我提高的重要途径。开展严肃认真的党内政治生活，是我们党的优良传统和政治优势。在长期实践中，我们党坚持把开展严肃认真的党内政治生活作为党的建设重要任务来抓，形成了以实事求是、理论联系实际、密切联系群众、批评和自我批评、民主集中制、严明党的纪律等为主要内容的党内政治生活基本规范，为巩固党的团结和集中统一、保持党的先进性和纯洁性、增强党的生机活力积累了丰富经验，为保证完成党在各个历史时期中心任务发挥了重要作用。领导干部要深入贯彻落实新形势下党内政治生活的若干准则，自觉在党内政治生活中经常接受政治体检，打扫政治灰尘，净化政治灵魂，增强政治免疫力。**找准抓实严肃党内政治生活的着力点。**加强和规范党内政治生活是一篇大文章，要抓细抓实，花大力气从多个方面努力。要把坚定理想信念作为首要任务，筑牢信仰之基、补足精神之钙、把稳思想之舵，把共产党人的精神支柱和政治灵魂立起来；要抓好纪律严明这个重要内容，把纪律挺在前面，用铁的纪律从严治党，坚决维护党中央权威、保证全党令行禁止；要坚持党的根本宗旨，为群众办实事、解难事，当好人民公仆；要用好正确选人用人导向这个组织保证，认真落实好干部标准，大力整治选人用人不正之风，以用人环境的风清气正促进政治生态的"山清水秀"；要坚持民主集中制、发扬党内民主、严格党的组织生活、用好批评和自我批评的武器，使党内政治生活更加制度化、规范化、常态化，使之成为锻炼党性、提高觉悟、强身治病的熔炉；要着眼反腐倡廉的重要任务，筑牢拒腐防变的思想防线和制度防线，着力构建不敢腐、不能腐、不想腐的体制机制。领导干部要做严肃党内政治生活的表率，始终把握正确政治方向，坚持政治立场和政治原则，遵守政治纪律和政治规矩，坚守正道、弘扬正气，坚持原则、敢抓敢管。**用好批评与自我批评的武器。**批评和自我批评是解决党内矛盾的有力武器，也是清除党内各种政治灰尘和政治微生物的有力武器。发扬党内民主，开展党内积极健康的思想斗争，允许党员发表不同意见，对问题进行充分的讨论，真正做到知无不言，言无不尽。领导干部对于任何党员提出的批评和意见，只要是正确的，都应该采纳和接受。领导班子成员之间要本着对自己、对同志、对班子、对党高度负责的精神，经常性地咬咬耳朵、扯扯袖子、红红脸、出出汗，大胆使用、经常使用批评与自我批评的武器，使批评与自我批评成为提高党内政治生活质量的有力武器。

始终保持清正廉洁的政治本色。习近平总书记要求党员干部"自觉做良好政治生态的有力促进者，发扬彻底的自我革命精神，节俭朴素、谦逊低调，坚决反对形式主义、官僚主义，坚决反对特权思想和特权行为，永葆共产党人清正廉洁的政治本色"。保证各级领导干部清正廉洁，既是推进党风廉政建设的首要任务，也是加强党的执政能力建设的重要内容。领导干部的职位越高、权力越大，拒腐蚀、永不沾的任务也就越重。领导干部要筑牢拒腐防变的思想防线和制度防线，廉洁自律，激浊扬清，正字当头，以身作则，当好表率。**坚决守住拒腐防变防线。**腐败是最容易导致政权颠覆的严重问题。党的十八大以来，我们党坚定推进自我革命，持续正风肃纪反腐，有效净化了党内政治生态，向全党全社会表明了反腐败的坚强决心，展示了零容忍的坚定意志。领导干部必须时刻自重自省，严守纪法规矩，时刻牢记清廉是福、贪欲是祸的道理，经常对照党的理论和路线方针政策、对照党章党规党纪、对照初心使命，看清一些事情该不该做、能不能干，始终守住政治关、权力关、交往关、亲情关，层层设防、处处设防，守住拒腐防变的防线。**从守住内心开始筑牢防线。**古人讲："心不可乱，则利至而必知，害至而必察。"考察那些违法乱纪的干部，无一不是从心里破防开始走向堕落的。有的讲求攀比，看到一些老板挥金如土、花天酒地就心态失衡；有的贪图享乐，感叹人生苦短，不如及时行乐。有的"投桃报李"把商品交换那一套搬到履职用权中来；有的心存侥幸认为被抓的都是"倒霉蛋"，只要自己手段高明点、手法隐蔽些就能瞒天过海。领导干部一定要勤掸"思想尘"、多思"贪欲害"、常破"心中贼"，以内无妄思保证外无妄动。**从小事小节做起守住底线。**习近平总书记指出："大是大非面前要讲原则，小事小节中也有讲原则的问题。"小洞不补，大洞吃苦。一个人蜕化变质往往是从吃喝玩乐起步的。小事小节背后隐藏的祸患不可小视。如果在小节问题上漫不经心、不以为然、疏于防范，把自己吃点、喝点、拿点、要点、收点等问题，误以为于自己无伤大雅、于法纪有隙可乘，长此以往，就会被那些看似平淡无奇的小节磨损大志、侵蚀精神，一步步走向贪图享受、腐化堕落的道路。讲原则不分事大事小，必须在小事小节上严起来，时刻重视小节、防微杜渐，做到慎独慎微、慎言慎行，守住党纪法规的红线，勿以善小而不为，勿以恶小而为之，保持共产党人的操守和气节。

践行宗旨为民造福是永远的追求

习近平总书记指出:"为中国人民谋幸福,为中华民族谋复兴,是中国共产党人的初心和使命,是激励一代代中国共产党人前赴后继、英勇奋斗的根本动力。"中国共产党全心全意为人民服务的根本宗旨,体现着党的性质,是党的整体风貌的集中体现。民心是最大的政治,站稳人民立场是领导干部践行终身课题的价值追求。领导干部必须深刻领会中国共产党的宗旨、性质,始终把人民放在心中最高位置,一刻也不脱离群众,同广大人民群众保持最密切的联系,始终全心全意为人民服务,始终为人民的利益和幸福而努力奋斗。

党的根基在人民、血脉在人民、力量在人民。群众路线是党的生命线。中国共产党从成立伊始,就把为人民服务作为自己的根本追求。1922年7月,党的二大通过的《关于共产党的组织章程决议案》指出:"党的一切运动都必须深入到广大的群众里面去。"1944年9月5日,中央警备团战士张思德在烧炭过程中不幸牺牲。在为张思德举行的追悼会上,毛泽东作了题为《为人民服务》的重要演讲,系统而深刻地阐述了为人民服务的思想,为党的根本宗旨奠定了基石。党的七大对党的宗旨进行了更为翔实而深刻的阐述,正式把"为人民服务"的思想写进党章,明确"全心全意为人民服务"是中国共产党的根本宗旨,成为中国共产党的显著标志。**人民立场是正确历史观的必然结论。**唯物史观告诉我们，历史科学要成为真正的科学，就不能把社会发展史归结为帝王将相的作为，而应首先研究物质资料生产者的历史、劳动人民的历史，并将这一研究作为其他方面研究的出发点。中国特色社会主义事业是人民的事业，人民群众是最终受益者，也是有力建设者，没有亿万人民的积极拥护和参与，我们的奋斗目标就无法实现。只有坚持人民主体地位，发挥人民首创精神，充分相信群众、紧紧依靠群众、密切联系群众，把最广大人民群众最广泛地团结起来，把一切积极因素调动起来，才能汇聚起以中国式现代化全面推进强国建设、民族复兴伟业的磅礴力量，不断突破新长征路上的"娄山关""腊子口"，创造出更大的发展奇迹。**心系群众鱼得水，脱离群众树断根。**习近平总书记指出："只要我们深深扎根人民、紧紧依靠人民，就可以获得无穷的力量，风雨无阻，奋勇向前。"人民群众是我们力量的源泉，是我们最强大的后盾，来自人民、植根人民、服务人民是我们党立于不败之地的根本。毛泽东曾说："我们共产党人好比种子，人民好比土地，我们到了一个地方，就要同那里的人民结合起来，在人民中间生根、开花。"这形象地说明了我们党就像种子一样，只有扎根于人民群众这个土壤中才能充分地汲取养分，进而生根、发芽，最终开花结果。如果失去了人民群众的拥护和支持，就会像种子离开土地一样失去生存的根基。只有深入群众，了解实际，及时发现总结人民群众创造的新鲜经验，使之上升为理论和政策，并动员指导人民开展新的实践，党和国家的事业才能永葆生机活力。

坚持以人民为中心的价值取向。在我国，人民是国家的主人和社会主义事业的建设者，是改革的积极参与者和力量源泉。对人民群众的态度问题，同人民群众的关系问题，是最大的政治问题。坚持以人民为中心推进中国特色社会主义伟大事业，是马克思主义唯物史观的内在要求，是中国特色社会主义的根本特征和动力所在，也是我们党的根本政治立场和价值取向。中国共产党从成立之日起，就把坚持人民利益高于一切鲜明地写在自己的旗帜上，把全心全意为人民服务作为根本宗旨。这也是我们党能够从小到大、从弱到强的根本原因。**人民的幸福就是党的事业。** 习近平总书记指出："共产党就是为人民服务的，就是为老百姓办事的，让老百姓生活更幸福就是共产党的事业。""我们推动经济社会发展，归根到底是为了不断满足人民群众对美好生活的需要。"坚持以人民为中，为最广大人民群众服务，是社会主义的本质要求。对领导干部来说，坚持以人民为中心，为民谋利、为民造福，深刻彰显和检验着共产人的初心，必须牢记宗旨，把为民谋利、为民造福作为自己永恒不变的价值追求和事业追求，真正做到为了人民幸福奋斗一辈子、奉献一辈子。**政之所兴在顺民心，政之所废在逆民心。** 人民是各级干部永远的上级，人民是我们党执政的根基。我们必须始终坚持以人民为中心的发展思想，把人民利益摆在心中最高位置，把人民立场作为根本立场，把为人民谋幸福作为根本使命，把人民对美好生活的向往作为奋斗目标，全心全意践行为人民服务的宗旨，心中常思百姓疾苦，脑中常谋富民之策，不断实现好、维护好、发展好最广大人民群众的根本利益，使人民获得感、幸福感、安全感更加充实、更有保障、更可持续。要始终坚定人民至上的理念，把以人民为中心作为我们一切工作的出发点和落脚点，作为新时代领导班子建设和干部队伍建设的价值取向。**牢记为了谁、依靠谁、我是谁。** 习近平总书记强调，党员干部"要牢记群众是真正的英雄,任何时候都不能忘记为了谁、依靠谁、我是谁,真正同人民结合起来"。新时代党员干部必须认真回答"为了谁、依靠谁、我是谁"的问题,牢牢坚持人民至上的价值观、人民是真正英雄的唯物史观、立党为公执政为民的执政观,始终树牢群众观点、站稳群众立场、增进群众感情,始终与人民群众同呼吸、共命运、心连心,始终为人民利益忘我工作,永葆共产党人公仆本色。

人民对美好生活的向往,就是我们的奋斗目标。习近平总书记强调:"为人民谋幸福,是中国共产党人的初心。我们要时刻不忘这个初心,永远把人民对美好生活的向往作为奋斗目标。"中国共产党来自人民,党的一切工作必须以最广大人民的根本利益为最高标准。让人民生活幸福是"国之大者"。习近平总书记始终把人民放在心中最高位置,强调"共产党人必须牢记,为民造福是最大政绩"。不断满足人民群众对美好生活的新期待,努力让人民过上美好生活,是党的使命之所在、价值之所在、生命之所在。**人民向往无止境,党员奋斗不止步。**事物是运动的,矛盾是发展的。发展具有阶段性特征,历史发展的阶段不同,社会主要矛盾不同,人民对美好生活的向往也会呈现不同的阶段性特征。进入新时代,我国社会主要矛盾已经转化为人民日益增长的美好生活需要和不平衡不充分的发展之间的矛盾,人民对美好生活的需要越来越多样化、动态化、个性化,这不仅对物质文化生活提出了更高要求,而且在民主、法治、公平、正义、安全、环境等方面的要求也日益增长。无论矛盾如何转化,我们党都始终站在人民的立场上,始终把人民对美好生活的向往作为奋斗目标,无论面临多大挑战和压力,无论付出多大牺牲和代价,这一点都始终不渝、毫不动摇。**人民向往什么，干部就干什么。**"民之所忧，我之所思；民之所思，我之所行。"人民群众的需求、期盼、向往在哪里，要解决的突出问题就在哪里。作为人民公仆，领导干部想问题、作决策、办事情都要站在群众的立场上，通过各种途径了解群众的意见、要求、批评和建议，真抓实干解民忧、纾民怨、暖民心。要摆正公仆身份，淡化"官"念，始终把人民放在心中最高位置，在感情上亲近人民，在行动上融入人民，以人民忧乐为忧乐，以人民甘苦为甘苦，真正做到权为民所用、情为民所系、利为民所谋。要干出惠民实绩，树立和践行正确政绩观，人民群众期盼什么，我们就追求什么，人民群众希望我们做什么，我们就干好什么，只争朝夕、担当作为，尽力而为、量力而行，多干让人民群众满意的好事实事，让人民群众得到看得见、摸得着的实惠。要接受人民评判，把人民拥护不拥护、赞成不赞成、高兴不高兴、答应不答应作为衡量一切工作得失的根本标准，不断满足人民群众对美好生活的向往，向人民群众交上一份令人满意的答卷。

练就过硬本领

"绳短不能汲深井，浅水难以负大舟。"以中国式现代化全面推进中华民族伟大复兴，广大党员、干部既要政治过硬，也要本领高强；既要有担当的宽肩膀，也要有成事的真本领。习近平总书记要求："必须与时俱进提高科学执政、民主执政、依法执政水平，克服干部队伍中存在的能力不足、本领恐慌，确保适应新时代要求、具备领导现代化建设能力，做到政治过硬、本领高强，堪当民族复兴重任。"本领高强，就是专业素质好、业务能力强，能够胜任和解决各种问题和矛盾。新征程上，领导干部要有知识不足、本领不足、能力不足的紧迫感，自觉加强学习、加强实践，掌握科学方法，提升能力素质，全面提升与推进中国式现代化相适应的高强本领，当好中国式现代化建设的坚定行动派、实干家。

搞懂底层逻辑　提升认知水平

底层逻辑指的是事物间的共同点,是不同之中的相同之处、变化背后不变的东西,也指从事物的底层、本质出发,寻找解决问题路径的思维方法。领导干部要搞懂底层逻辑,首先就要对自己有清醒的认识,准确定位自身,努力超越自我,从而才能在工作和生活中不断学习和把握规律和规矩,做到知其然、知其所以然,不断提升干事创业本领。

不断提高自我认知水平。认知是通过自己的学识、经历和经验作出的对这个世界的判断。拉开人生距离的,是每个人的认知。在古希腊的一座智慧神庙大门上写着一句话,叫作"认识你自己",当地人把这看成一种最高的智慧。"知人者智,自知者明",一个人倘若连"自知"都做不到,其人生往往是混乱无序的,更谈不上有所成就。**充分认识自己。**马克思说过:"一切真理的精华(人们)最终会自己了解自己。"有的人过分苛求别人,对别人说长道短、评头论足,却自我感觉良好,对自己"闭口不谈""视而不见",久而久之成为自己"最熟悉的陌生人"。一个人如果自我认知模糊、定位不准、方向不明,就会活得浑浑噩噩、漫无目的、随波逐流,难以取得人生成就。很多时候,我们在读世界、读别人,但其实读懂自己更重要。只有读懂自己,才能够认清世界、摆正位置、努力奋进、幸福生活。**客观评价自我。**不爱听真话是人性的弱点，认知水平越低的人越固执。领导干部要学会正确认识自己的长处和短处，切实做到"知不足"，把自己看低一些，把位置摆得正一些，多想一想自己工作中的失误，多比一比与他人的差距，凡事让三分，才能找准人生的坐标扬帆起航。要善于运用批评和自我批评这个好方法，通过接受领导批评、征求同事意见、倾听下属意见，知道自己不足。通过组织生活会或民主生活会等各种方式进行交心谈心，查找问题，相互批评，自我批评。把自己缺点和矛盾找出来，把误解和想法说清楚，面对责任不回避，面对批评不排斥。这样不仅能认真客观地知道自己的缺点，克服骄傲自大的毛病，还能团结一起干事的同志，心往一处想、劲往一处使，把今后的工作干得更好。**充分发扬长处。**"尺有所短，寸有所长"，每个人都有属于自己的独特优势，作为领导干部，更要善于发扬自身长处，发挥聪明才智，在自身岗位上敬业奉献、施展才华、贡献力量。领导干部的成长就是一个不断发扬长处、克服缺点、自我修养、持续历练的过程。要明白自己的优势与劣势，不断自我修正和完善。要学会扬长避短，发挥自身优势，不断学习、勤于实践、勇于创新，既有想干事、真干事的自觉，又有会干事、干成事的本领，努力在自身岗位上发光发热，争当推动事业发展的"行家里手"。

不断改变和超越自己。习近平总书记指出："历史只会眷顾坚定者、奋进者、搏击者，而不会等待犹豫者、懈怠者、畏难者。"人的一生应当是奋斗的一生，每个人都在奋斗的道路上前行。有些人起初满腔抱负，可随着时间推移，就慢慢地丧失了动力、磨灭了斗志，最后一事无成。"行百里者半九十。"只有以永不止步为人生信条，时刻带着一股子韧劲和闯劲，大胆走别人没有走过的路，做前人没有做过的事，保持"等不起、坐不住、慢不得、放不下"的态度，才能超越自己，做更好的自己。**人最伟大的能力就是超越自我。**富兰克林说过："人生的意义在于不断地超越自我。"有不少人认为人生是一场竞赛，处处与人较量。结果不仅让自己内心浮躁，而且还可能四处树敌。总想赢别人，最后往往是输得一塌糊涂。其实人生最好的状态，不是打败别人，而是不断超越自我。超越昨天的"我"，得到今天更好的"我"，不断攀登到人生新高度，这就是一种成功。一个人只有拥有明确的目标、坚定的信念，通过长期持续的努力实现自我超越，才能让自己更加强大，更富有智慧。**超越自我贵在日日精进。**实现自我超越，不能坐而论道、止步不前，而是要勇往直前，努力追求上进。要勇于自我完善，善于在自我批评中找差距、找动力、找出路，不断弥补不足，完善自身道德品质、能力素质、作风修养。要勇于自我革新，拿出动真碰硬、壮士断腕的勇气，革除身上的侥幸、懒惰、懈怠，始终积极进取、奋发作为。要勇于自我提高，时刻保持永不满足的心态，积累理论的厚度、延伸思考深度、拓展实践宽度，不断提升自身境界格局。

切不可"以其昏昏，使人昭昭"。习近平总书记指出，有的干部对实际情况不了解不关注，不愿帮助基层和群众解决实际问题，甚至不愿同基层和普通群众打交道，怕给自己添麻烦，工作上敷衍塞责、推诿扯皮、得过且过。有的干部不顾地方实际和群众意愿，喜欢拍脑袋决策，拍胸脯保证，盲目铺摊子、上项目，最后拍屁股走人，留下一堆后遗症。由于少数干部不切实际导致的乱投资、乱决策，导致地方发展停滞不前，并且新的矛盾越来越多，这样的干部我们称为"昏官"。作为党和国家的干部，一定要有对党和国家负责的责任心，对人民群众服务的公仆心，对推动经济社会发展的事业心，在本职岗位上用心工作，不断加强学习，深入群众、深入基层了解实际情况，不断提高自己的认知能力和工作水平。**要走出办公室这口"井"**。井底之蛙没有走出过那口井，就像有的人从没有走出过自己的工作和生活环境，还目光狭隘地自以为是。李强总理指出，坐在办公室碰到的都是问题，下去调研看到的全是办法。高手在民间，一定要推动各级干部多到基层调研，要问计于民，问需于民，向群众学习，拜群众为师。领导干部要用好调查研究这个"传家宝"，践行好习近平总书记倡导的"深、实、细、准、效"五字诀，深入基层调查研究。要察实情、出实招、办实事，走好群众路线，解决好群众最关心最直接的现实问题。**要大处着眼小处着手**。习近平总书记强调，要坚持从大局出发考虑问题，向前展望、超前思维、提前谋局。领导干部只有掌握了局势，才能把各项具体的工作放到大局大势中去思考、去谋划、去推动，走一步看三步，抓得住重点关键，才不会见子打子、因小失大。同时，还要善于把复杂的问题科学地分解成多个可以解决的小问题，有步骤有条理地把每一个小问题解决好。当一个个单一的问题都被解决时，困难复杂的问题也就迎刃而解了。**好马也吃"回头草"**。人生既是一个成长修炼的过程，也是一个纠偏正向的过程。我们不能只看前方，还要经常回头看看过往，听听逆耳忠言、虚怀若谷、从谏如流，不断反思工作得失、校准人生航向。要学会常吃"回头草"，常常反思总结、自我修正，这样有助于加深对问题的理解，强化对分寸的把握，不断完善自我，进而持续提高、全面进步。

切不可"骄傲自满，自以为是"。骄是矫情，自以为是；傲是傲慢，看不起别人。骄傲自满的人，犹如坐井观天，以为自己看到的圈子就是整片天空，殊不知天外有天，人外有人。**满招损，骄傲自满是一个人失败的开始。**骄傲往往基于无知和浅薄，也就是不能理性地看待自己，不能客观地对待自己的优缺点。骄傲的人，往往把自以为是当成自信和自尊；把夸夸其谈当成才华的展示；把我行我素、散漫无序当成自由和独立。实际上，能力越弱的人，越倾向于高估自己的水平，不能正确、客观地评价事物，更不能认识到自己本身能力的不足。领导干部要时刻反省自己，有没有听不进别人的意见，有没有守时守纪，有没有口出狂言，有没有唯我独尊。如果是，那就是骄傲了，就要及时改正。**谦受益，认识到自己的无知是智慧的开始。**内心充实的人总是谦逊的，言谈之间对自己的成就表现出轻描淡写的态度。孔子说："知之为知之，不知为不知，是知也。"自我认知水平提升的过程，往往是从"以为自己是天才"开始，到"原来是我太无知"而结束。当自己无知时，切莫自以为是，而应当去倾听、去学习、去成长。承认无知并不是自我贬低，而是承认自己的局限和不足，意识到自己"不知道"最终才能走向"知道"。要善于在学习中提升自己的认知水平，把学习当作一种神圣职责、一种精神境界、一种终身追求，勤于学习、善于学习，学以明志、学以立德、学以增智，通过学习提升认知、增强本领、增长才干。**时刻自我反省。**习近平总书记指出，领导干部要"在倾听人民呼声、虚心接受人民监督中自觉进行自我反省、自我批评、自我教育"。自省并非自我否定，也不是妄自菲薄，而是一种自我负责、积极进取的人生态度。人非圣贤孰能无过，人与人之间的最大差距不在于是否犯错，而在于犯错后的不同态度。唯有遇事常思己过，在人生的路途中不断改正自己的缺点，方能心明眼亮，成就更好的自己。曾子说："吾日三省吾身。"一个人要想避免骄傲自满，不犯自以为是的毛病，就要经常反躬自省，省察自己的情、欲、念，在思想、言行、举止等方面都不断加强自我反思，才能清醒认知、准确定位自己，知道自己有多大能耐，从而正视不足、挖掘长处、发挥优势、弥补劣势。

理性感性都要有　激情理性相兼备

理性就是在原有的认知基础上进行推理、演绎、归纳等来作出对世界的认识。感性就是利用我们的感官去感受世界的一种能力。理性多表现为客观冷静、理智权衡，感性多表现为直观感受、随心所至。理性思考是维持生存的重要方法，感性生活能够更好地体验人生。但是，凡事过犹不及，若太过理性而缺乏感性，则会太过冰冷生硬而缺乏情趣；若太过感性而缺少理性，则易因缺乏理智而走错路，将自己带入险境。因此，最好的方法是在原则问题上保持理性，在平常生活里多一点感性，细细品味，感受人生美好。

激情与理性是一枚硬币的两面。 没有激情，工作的热情之火就燃烧不起来；没有理性，工作的热情之火就会烧成灰烬。有了激情，便增强了理性的感染力；有了理性，则会净化和升华激情。二者相辅相成、相得益彰。正因为有了激情，才会有共产党员的吃苦在前、享乐在后，才会有孔繁森的"青山处处埋忠骨，一腔热血洒高原"，才会有杨善洲的"奋斗一辈子，坚守一辈子"。有激情而缺乏理性，难免会陷入狂热、迷失方向，从而给事业带来损失；理性有余而激情不足，则难免会过于谨慎、贻误发展。**感性做人，率性而为不逾矩。** 感性的人富有同情心，语言有感染力，工作有激情，生活有热情，对情感有独特的表达和坚持，在生活中能做到共情别人，以情动人，为生活增添更多色彩和情趣。快乐来源于感性的糊涂，任何事情想得太清楚，就会失了味道，做人感性一点，才会更有魅力，自然率性，才能活得更快乐、更轻松，才能放下世俗的枷锁，享受灵魂的自由。**理性做事，决策务必慎之又慎。**与人打交道可以感性，但做事如果全凭一时情绪指导，不动用理性思考，就容易功败垂成。理性的人，遇事沉稳谨慎、不骄不躁，能够静下心来审慎分析、慎重决策，从而能够事半功倍、做出成绩。领导干部要学会理性思考、理性做事，这样才能少走弯路，让自己的事业更加顺风顺水。**干事需要激情更需要理性。**领导干部要有一种"躺着想事、坐着议事、站着干事"的工作激情，面对机遇敢于抢抓、面对艰险敢于探索、面对落后敢于奋起、面对竞争敢于拼搏。要有会干事的策略，做到实事求是，遵循客观规律，科学论证，民主决策，敢干而不蛮干，苦干而不傻干。要有干成事的理性，强调冷静客观，强调全面与远见，以理性驾驭自己的激情。要把求真务实和开拓创新相结合、高昂的斗志和理性的思维相结合、饱满的激情和务实的态度相结合。拥有充满理性的激情，又有充满激情的理性，我们就能常常保持年轻、老练。

要有理性坚持原则，要有感性予人温暖。习近平总书记指出："大是大非面前要讲原则，小事小节中也有讲原则的问题。"**坚持原则、当止则止是一种难得的理性。**在工作中，领导干部有很多原则和底线需要坚守，这不仅是对工作负责，也是对自己的一种保护。有原则的人，既不会刻意去取悦别人，也不会因为心软而是非不分，心中始终有自己的底线和红线，是对自己也是对他人负责的体现。也许有人会说直接拒绝别人，不怕其他人觉得难以理解，甚至产生怨恨吗？对此，要有清醒的认识，好人一般不会为难你，会为难你的人也不是什么好人。领导干部坚持原则不迁就，被人情绑架的时候就会越来越少，生活也会越来越舒心。**温暖对待同志，这需要我们拥有感性。**毛泽东说："一切革命队伍的人都要互相关心，互相爱护，互相帮助。"一个好的领导干部，必须先是一个好人，一个懂得平等待人、关心他人的人。领导干部在坚持原则的同时，要加强自己的修养，平易近人、和蔼可亲。要始终坚守做人本色，把平易近人融入一举一动、一言一行之中，使之成为一种自然而然的流露、一种自觉的行为方式，做心中有民的好干部、和蔼可亲的好朋友。**爱人者，人恒爱之；敬人者，人恒敬之。**雷锋说过："对待同志要像春天般温暖。"温暖对待同志，有利于友好相处，有利于社会和谐。我们要用"春天般的温暖"对待群众、像亲人一样关心爱护身边的每一位同志，不要放过关怀别人的机会，促进形成凝聚力、向心力。既要盯住给群众雪中送炭的大事，切实解决群众最急最忧最盼的问题；也要多做送温暖的小事，让身边人真真切切感受到温暖，真正成为知寒知暖的贴心人、解忧帮困的热心人，达到依靠人格魅力凝聚人、影响人的高境界。

理性与感性不可或缺。秉持感性，才能活得率性自然，自在随性，遵从内心，对别人的境遇感同身受，充满激情和感染力。秉持理性，才能在办事时思维严密，严谨沉稳，而不是凭自己的一时冲动、一腔热血办事，学会计划，找到解决问题的正确方法和答案，并以此作为指导。**理性地思考，感性地生活。**理性思考要求人们不轻易被言语催眠、被表象迷惑、被情绪影响，不要人云亦云、听风是雨，尽可能做到抽丝剥茧、深度思考、自我认知。

领导干部要树立正确的世界观、人生观、价值观，以这把"总钥匙"来看社会万象、人生历程，才能作出正确判断、正确选择。要坚持和运用辩证唯物主义世界观和方法论，增强辩证思维、战略思维能力，坚定正确方向，理性面对人生。生活中，我们也需要多一点感性，因为人总要轻松地活着，要体会人生的乐趣。人生中，需要清明的理性，同时，也需要欢欣的感性，这种感性之心可以使我们触目生春，所及之处充满了欢乐。感性地活着，活出生命的味道来；理性地思考，坚持走在阳光大道上，生命必定更加丰满，活出该有的样子。**理性面对人生的不公。**当受到不公平的待遇，应当如何面对？有的人怒发冲冠，据理力争，或许胜了一时，但难免给人留下斤斤计较、争强好胜、小肚鸡肠的印象。有的人默默承受委屈，不在小事上过多揪扯，集中精力服务全局，能吃亏、能受气、有格局，从而赢得更多干事的机会。有时候，面对不公，争就是不争，不争就是争。理性面对不公，才能学会生存，谋得发展。

学会用理性控制感性，少一点情绪化的冲动。理性的人心胸宽阔、宽宏大量，往往都有大格局、大智慧，他们看上去对人对事都很从容、宽容、没脾气。但这并不是与生俱来的，而是他们懂得肩上的责任压倒一切，并时刻谨记，感性必须由理性控制，情绪必须屈从于目标，在达到理想的彼岸之前，能够以理性之光自觉自律、不放纵情绪。**有情绪是本能，控制情绪是本事。**情绪是人们表达情感和感受的通道，有情绪不可怕，可怕的是情绪化。一旦情绪失控，人就容易失去理智、失去判断，做出一些非理性的行为，等回过头来看，往往是悔之晚矣。刘备为关羽报仇意气用事，被陆逊火烧七百里连营；韩信能忍胯下之辱，终成一代名将。领导干部身处重要位置、担当重要角色，如果不能控制好情绪，就会导致决策失误、时机延误、工作贻误，甚至损害事业发展。控制好自身情绪，才能不受负面情绪羁绊，朝着既定的目标前进。**以强大的内心驾驭情绪掌控局面。**有心理学家认为，人的情绪不是由某一事件直接引起的，而是由内心对事物的理解和所发生的事件共同建构出来的。内心强大有理性的人，能够以心役物，无论面对多少挫折和困难，都能稳定情绪、坚定步履、控制局面。领导干部要自觉加强内心修炼，给内心扩容加厚，以强大的内心世界维护情绪稳定。不困于心，不乱于情，控制好了情绪，才能控制人生，实现人生目标。**不怕有个性，就怕太任性。**"过刚则易折，骄矜则招祸。"凡事要过脑子。不管什么时候，人都要有控制自己情绪的能力。你脾气差，别人可能脾气更差，就可能互相杠起来了，还谈什么沟通解决问题。如果总是目空一切、盛气凌人，我行我素、主观臆断，怎么能与人友好相处，获得好人缘呢？为人处世以一颗平和的心去面对，才能避免匹夫之勇，避免因急躁而自乱阵脚，产生过失过错。少一点偏激，多一点理智。固执己见、偏激执拗、意气用事，是成长进步的大敌。每临大事有静气，才能乱云飞渡仍从容。一味冲撞是阵前卒子，动辄倾尽身家性命。有将帅之风者应知道何时该冲锋陷阵，何时该韬光养晦。做事情不可凭个人一时的感情冲动，而应当三思而行，考虑全局得失。面对棘手的事情，应静下来细细思索，抽丝剥茧一点一滴去分析状况，理出最根本的问题，才能迎刃而解、化影无形。

善于用方法论解决问题

　　方法论是人们认识世界、改造世界的方法的理论，是指人们用什么样的方式、方法来观察事物和处理问题。习近平总书记指出："人们必须有了正确的世界观、方法论，才能更好观察和解释自然界、人类社会、人类思维各种现象，揭示蕴含在其中的规律。"作为新时代的领导干部，就要深入学习马克思主义基本理论，学懂弄通做实习近平新时代中国特色社会主义思想，掌握贯穿其中的辩证唯物主义的世界观和方法论，善于从纷繁复杂的矛盾中把握规律，不断积累经验、增长才干，善于以之来正确看待问题，科学解决问题。

　　解决问题，就要善于从政治上加以分析研究。习近平总书记指出："提高政治能力，很重要的一条就是要善于从政治上分析问题、解决问题。只有从政治上分析问题才能看清本质，只有从政治上解决问题才能抓住根本。"领导干部要完成好党和人民赋予的各项任务，就必须善于从政治上分析问题、解决问题，做到眼睛亮、见事早、行动快。善于从政治上分析问题、解决问题，体现了马克思主义方法论原则。这里所说的政治，包括政治方向、政治立场、政治观点、政治纪律、政治敏锐性和政治鉴别力，等等。历史启示我们，善于从政治上分析问题、解决问题，就会自觉在大局下想问题、作决策、求实效。反之，如果不善于从政治上分析问题、解决问题，就会陷入头痛医头、脚痛医脚的被动局面，也无法从根本上解决问题。**从政治上分析问题、解决问题，必须牢记"国之大者"。**"国之大者"指的是关系国家整体利益、全局利益、长远利益的大问题，事关人民幸福、民族复兴、党和国家前途命运的大事情。"国之大者"，也是"责之重者"。对"国之大者"，领导干部理应时刻关注、装在心中。要紧紧围绕新时代新征程党的中心任务，真抓实干、务求实效，聚焦问题、知难而进，以"时时放心不下"的责任感、积极担当作为的精气神为党和人民履好职、尽好责，以新气象新作为推动高质量发展取得新成效。**从政治上分析问题、解决问题，必须炼就政治慧眼。**"政治慧眼"形容的是一个人政治上十分敏锐，有明辨是非的眼力、智慧和能力。分析问题、解决问题，既需要登高望远、把握大势，也需要见微知著、洞幽察微。领导干部要善于从一般事务中发现政治问题，从倾向性、苗头性问题中发现政治端倪，从错综复杂的关系中把握政治逻辑，提高把握方向、把握大势、把握全局的能力，提高辨别政治是非、保持政治定力、驾驭政治局面、防范政治风险的能力，真正做到草摇叶响知鹿过、松风一起知虎来、一叶易色而知天下秋。**从政治上分析问题、解决问题，必须提升政治站位。**"先谋于局、后谋于略，略从局出。"只有提升政治站位、拓宽政治视野，善于从政治高度、大局角度去看问题、想问题，才能看得远、想得全、谋得深。奋进新时代，领导干部要着力提升政治站位，增强大局意识和全局观念，善于观大势、谋大事，确保方向不偏、定力不移、斗志不减。要自觉把工作放到大局中去思考、定位、摆布，脑子里多装一些全局性的问题，经常想一想全局性要求，这样才能拿出大主意、好主意，才能有大担当、大作为。

解决问题，就要掌握运用科学的思想方法。"学习理论，最要紧的，是把思想方法搞对头。"思想方法是人们观察、分析和解决问题的方式方法。只有掌握和运用科学思想方法，才能从纷繁复杂的矛盾中把握规律，增强工作的原则性、系统性、预见性、创造性，推动党和国家各项事业不断向前发展。**思想指引行动，方法影响成效。**习近平总书记要求，要提升思维能力，把新时代中国特色社会主义思想的世界观、方法论和贯穿其中的立场观点方法转化为自己的科学思想方法，作为研究问题、解决问题的"总钥匙"。领导干部要掌握和运用这一研究问题、解决问题的"总钥匙"，不断提升思维能力，切实增强工作的科学性、预见性、主动性、创造性。恩格斯指出："马克思的整个世界观不是教义，而是方法。它提供的不是现成的教条，而是进一步研究的出发点和供这种研究使用的方法。"习近平新时代中国特色社会主义思想坚持和运用辩证唯物主义和历史唯物主义的世界观和方法论，既部署"过河"的任务，又指导解决"桥和船"的问题，是一个逻辑严密、内涵丰富、系统全面、博大精深的科学体系。学深悟透习近平新时代中国特色社会主义思想，最关键的就是要把这一重要思想的世界观、方法论和贯穿其中的立场观点方法，转化为自己的科学思想方法，用以改造客观世界、推动事业发展。**以科学的思想方法想问题、作决策、干事业。**掌握和运用科学思想方法是实现新时代新征程党的中心任务的必然要求。党的二十大报告指出："从现在起，中国共产党的中心任务就是团结带领全国各族人民全面建成社会主义现代化强国、实现第二个百年奋斗目标，以中国式现代化全面推进中华民族伟大复兴。"我们党要实现的中心任务既是宏伟的、远大的，也是长期的、艰巨的，要求我们不断提高战略思维、历史思维、辩证思维、系统思维、创新思维、法治思维、底线思维能力。思想方法不是凭空产生的，而是在学习、思考和实践过程中形成的。领导干部要全面学习领会习近平新时代中国特色社会主义思想，善于运用习近平新时代中国特色社会主义思想的立场观点方法研究新情况、解决新问题、总结新经验、探索新规律，善于通过历史看现实、透过现象看本质，把握好全局和局部、当前和长远、宏观和微观、主要矛盾和次要矛盾、特殊和一般的关系，在错综复杂的形势面前，科学分析我国发展面临的机遇和挑战，全面看待前进道路上出现的矛盾和问题，深入实际、深入基层、深入群众，以奋发有为的精神状态把美好蓝图一步步变为现实，扎实推进中国式现代化。

解决问题，就要用好"六个必须坚持"这把"总钥匙"。科学的世界观和方法论是人们认识世界、改造世界的强大思想武器。习近平总书记在党的二十大报告中提出了"六个必须坚持"，即必须坚持人民至上、必须坚持自信自立、必须坚持守正创新、必须坚持问题导向、必须坚持系统观念、必须坚持胸怀天下。这"六个必须坚持"是贯穿习近平新时代中国特色社会主义思想的世界观和方法论，是我们认识问题、分析问题、解决问题的"金钥匙"。领导干部要牢牢把握这一世界观和方法论，坚持好、运用好贯穿其中的立场观点方法，更好地将其转化为政治修养、理论素养、道德修养和履职尽责的本领。**必须坚持人民至上。**评价工作，要把人民拥护不拥护、赞成不赞成、高兴不高兴、答应不答应作为衡量一切工作得失的根本标准；想问题、作决策、办事情，要始终"以百姓心为心"，想一想是不是站在人民的立场上，是不是有助于解决群众的难题，是不是有利于增进人民福祉；当官行事，要坚持当"老百姓的官",把自己也当成老百姓,不要做官当老爷。**必须坚持自信自立**。坚定道路自信、理论自信、制度自信、文化自信,确保党和国家事业始终沿着正确方向胜利前进。坚持以中国式现代化全面推进中华民族伟大复兴,增强志气、骨气、底气,随时准备经受风高浪急甚至惊涛骇浪的重大考验,知难而进、迎难而上,全力战胜前进道路上的各种困难和挑战,依靠顽强斗争打开事业发展新天地。**必须坚持守正创新**。坚持马克思主义基本原理不动摇,坚持党的全面领导不动摇,坚持中国特色社会主义不动摇,既不走封闭僵化的老路,也不走改旗易帜的邪路,始终做到道不变、志不改。紧跟时代步伐,顺应实践发展,敢于说前人没有说过的新话,敢于干前人没有干过的事情,不断开辟马克思主义中国化时代化新境界。**必须坚持问题导向**。增强问题意识,及时发现问题、科学分析问题、正确解决问题,瞄着问题去、迎着问题上。聚焦实践遇到的新问题、改革发展稳定存在的深层次问题、人民群众急难愁盼问题、国际变局中的重大问题、党的建设面临的突出问题,不断提出真正解决问题的新理念新思路新办法。**必须坚持系统观念**。用普遍联系的、全面系统的、发展变化的观点观察事物,善于通过历史看现实、透过现象看本质,把握好全局和局部、当前和长远、宏观和微观、主要矛盾和次要矛盾、特殊和一般的关系,不断提高战略思维、历史思维、辩证思维、系统思维、创新思维、法治思维、底线思维能力,前瞻性思考、全局性谋划、整体性推进党和国家各项事业。**必须坚持胸怀天下**。要拓展世界眼光,深刻洞察人类发展进步潮流,深刻把握世界之变、时代之变、历史之变,积极回应各国人民普遍关切,致力于推动构建人类命运共同体,为解决人类面临的共同问题作出贡献。

基本素质和综合素质是前提

领导干部的素质一般是在先天禀赋的生理和心理基础上，经过后天的学习和实践锻炼而形成的，在领导工作中经常起作用的那些基础条件和内在要素的总和，主要是指领导干部在政治、知识、能力、生理和心理等方面应具备的品质和能力。习近平总书记指出："我们党既要政治过硬，也要本领高强。"领导干部要拥有过硬的本领，就要以较为全面的基本素质和综合素质为前提条件，努力把自己打造成为干事创业的行家里手。

不断夯实自身基本素质，为履职尽责打下良好基础。作为领导干部，如果没有健康的身体、良好的心态、较强的专业能力，那就无法百分百地担负起自身的职责和使命。身体不好，面对高强度的工作压力就会力不从心；心态失衡，面对困难矛盾冲突就容易顾此失彼；专业知识不够，就会外行指导内行，甚至造成决策失误。领导干部要重视培育夯实自己在生理、心理和专业知识等方面的基本素质，自身素质硬朗才能更有作为。**健康是革命的本钱。**习近平总书记指出，健康是幸福生活最重要的指标，健康是1，其他是后面的0，没有1，再多的0也没有意义。健康是生命之基、幸福之源、事业之本。无论是创造绚丽多彩的人生，还是撑开家庭的幸福天空，抑或成为国家建设的栋梁，健康都是前提和基础。领导干部要着力提升健康素养，培养健康生活方式，积极参加有益健康的文体活动和社会活动等，自主自律、健康生活工作，为干事创业奠定身体基础。**良好的心态是成功的源泉**。人一生要经常面对各种艰难困苦，有时候受苦受累又受气。面对磨难难免会心不平、气不顺。只有心境平静，态度温和，对名利泰然处之，才能坦然地面对自己、面对生活、面对工作。一个人的心态往往会关系到他的命运，积极的心态创造人生，而消极的心态则消耗人生。心态好，精神状态就好，就能激发内心动力，就会想干、愿干、积极干；心态不好，就会懈怠、懒散、误事、坏事。领导干部只有保持好心态，才能全身心投入事业，面对困难不逃避退让，面对挫折不消极悲观，面对责任不推诿扯皮，面对挑战不消极应对，奋勇担当，积极作为。**专业精通才能胜任岗位**。当干部要有真本事，从事领导工作，除了拥有钢铁般的意志、永恒的定力外，还得有"真功夫"、拥有几把"刷子"。要持之以恒加强学习，勤于实践，不要嫌烦怨苦，用心用情用力完成各项工作。要把学习和工作当成提高自己能力和水平的"练兵"机会，在工作中练就能干事的水平、会干事的技巧、干成事的本领，通过学习锻炼增长才智，克服本领恐慌、本领不足的问题，从而成为专业过硬的行家里手。

持续提升自身综合素质，为干事创业提供根本保障。综合素质是一个人综合实力的体现，综合素质要求均衡发展，既要突出优点，更要补齐短板、克服弱项，实现全面发展。领导干部要不断提升理论修养、领导能力、创新能力等综合素质，实现协调发展、全方位发展、可持续发展。**理论修养是领导干部综合素质的核心**。习近平总书记强调："理论修养是领导干部综合素质的核心，理论上的成熟是政治上成熟的基础，政治上的坚定源于理论上的清醒。"领导干部要持续深化理论学习、提升理论素养、强化理论思维、注重理论转化，以理论上的清醒筑牢政治上的坚定，以思想自觉引领行动自觉。要加强理论武装，从世界观、人生观、价值观等各方面树立对党全面忠诚的崇高信念。要不断锤炼党性，增强"四个意识"、坚定"四个自信"、做到"两个维护"。要不断修炼个人品德，为人讲品行，从政讲官德，从理论素养、作风纪律、能力本领、人品政德等方面不断强化自我修养，自觉担负使命。**领导能力是领导干部的重要本领。**领导能力是领导干部的核心本领，领导能力强，才能出色地胜任本职工作。一要率先垂范。领导干部要以身作则干工作，心无旁骛钻业务，干一行、爱一行、精一行。要比学赶超讲忠诚、讲奉献、讲担当，冲锋在前、收尾在后，吃苦在前、享乐在后。要严于律己树形象，遵纪守法、公正无私，光明磊落，心胸开阔，乐观豁达、积极向上。二要善于团结。习近平总书记指出："人心向背、力量对比是决定党和人民事业成败的关键，是最大的政治。"领导干部要努力提高自己的个人魅力和为人处世能力，诚实守信、与人为善，谦虚谨慎、戒骄戒躁，宽容大度、感恩奉献，关心他人，排忧解难，努力把大家像"石榴籽"一样紧紧团结在一起，在共事、谋事、干事中增进团结，在团结干事中推进事业。三要勤奋敬业。天道酬勤、勤能补拙。领导干部要把心思放在干事创业上，全身心投入工作，不抱怨、不计较，吃苦耐劳、甘于奉献。要以时不我待的紧迫感、只争朝夕的使命感激情工作，创造价值。要锚定目标永不言弃。只有初心如磐、使命在肩，持续用力、久久为功，才能把每一项任务干好、干成、干出彩。**开拓创新是领导干部的责任使命。**领导干部最忌讳"守成"、最害怕"抱残"，因循守旧、墨守成规只会贻误关键机遇，导致干了几年还是"涛声依旧"，每年都是"重复昨天的故事"，这样的干部就是不合格的干部。习近平总书记指出："历史总是要前进的，历史从不等待一切犹豫者、观望者、懈怠者、软弱者。"只有与历史同步伐、与时代共命运的人，才能赢得光明的未来。一要树立强烈的创新意识。坚决破除思想桎梏，以观念创新引领制度创新、科技创新、文化创新，推动创新发展蔚然成风，从而实现弯道超车、变道超车。二要敢闯敢试、敢为人先。在不断解决新问题中持续深化改革，坚持全局和局部相配套、治标和治本相结合、渐进和突破相衔接，实现重点突破和整体推进相统一，让改革红利持久释放。三要敢于破局、日新日进。抓改革就是抓发展，谋创新就是谋未来。领导干部要树立"无功便是过，平庸就是错"的观念，以坐不住、等不起、拖不得的紧迫感，拿出"敢为天下先"的勇气，勇做第一个"吃螃蟹"的人，锐意改革、主动创新，敢于站在前人的肩膀上，敢于否定和超越前人，进行更多新的富有创造性的工作，从而争取更多发展机会。

努力学习和实践，全面提高领导素质。 党和国家事业越发展，对领导干部的能力要求就越高，只有把本领高强作为根本的工作标准，才能真正解决好"本领恐慌"的问题。领导干部要努力提高自身素质，努力打造又博又专的素养结构，成为兼收并蓄、融会贯通的通达之才。**在学习中提升内在素质。** 学习能够积累知识、丰盈内心、提升素质。习近平总书记说："立身百行，以学为先。对领导干部来说，依靠学习提高能力素质，这就是'学者非必为仕，而仕者必为学'的道理所在。"要重视学习、善于学习。人没有生而知之，都是学而知之。只有把学习作为一种内在需要，通过不断学习持续提升自己的思想境界、能力素质，才能更好地实现人生价值和社会价值。要虚心求教。三人行，必有我师，进步很快的人，都有一个很明显的特征，就是善于发现别人身上具备的优点，善于学习他人的长处，取他人之长，补自己之短，不断丰富自己的学识，使自己不断进步。要终身学习。坚持活到老，学到老，通过学习潜移默化地提升格局境界、涵养修为品德、陶冶情操情怀。要把学习当成一种乐趣。善于把理论知识转化为工作的能力水平，转化为自身的修养修为，做到以学铸魂、以学增智、以学正风、以学促干。**在实践中增强综合能力**。领导干部要加强实践锻炼，提升能力水平。一要多经历。经历越多成长越快。才干的增长主要靠在工作实践中摸爬滚打。刀在石上磨，人在事上练。人的本领不是从天上掉下来的，也不仅仅是从书本里得来的，只有多经事、多干事，才能不断成长、成熟、成才。干得多了，见得多了，内心就会从容有力，办法就会自然涌现，做起事来就能驾轻就熟。二要多挑战。善于啃"硬骨头"、敢于打"攻坚战"。艰难困苦、难险繁重往往是增强心智、增长才干的"磨刀石"。领导干部要想挑起更重的担子，就需要积极投身到基层一线去经风雨、见世面、长才干、壮筋骨。要自觉加压，眼里有事，手中有活，在困难挑战中练出真才干、硬本领。三要突出针对性。突出干什么学什么，缺什么补什么，围绕自己的实际素质，尽快补齐能力、素质和方法短板。有针对性地加强实践锻炼，将所学的知识和技能付诸实践，提高自己的实际操作能力。在实践中经常反思自己的表现和经验，总结经验和教训，不断改进和提高自己的综合素质。

最核心的能力是获得能力的能力

习近平总书记指出:"现在,我们已经开启了全面建设社会主义现代化国家、向第二个百年奋斗目标进军新征程,这对干部能力和素质提出了更高要求。"不断修炼和提升必需的能力和素质,是一个人不断取得进步的基础。能力就好比砍柴的斧头,只有将斧头磨得锋利,才能将柴劈得又快又好。要想本领高强,就必须在工作中生活中不断丰富知识、提高才干。领导干部要把提升获得能力的能力作为最核心的"武器",最基础的工具,通过学习、思考、总结、创新,持续获得新技能,增长新能力。

要提升学习能力。学习能力是获取知识、增长才干的本事,它不仅要求具有宽泛广博的知识,更重要的是学会学习的方法,树立终身学习的理念,与时俱进,不断进步。**梦想从学习开始,事业靠本领成就。**良好的学习能力,是走向成功的基础和前提。事实上,一个人的学习能力往往决定了其竞争力的高低,正如管理学大师德鲁克所说的那样:"真正持久的优势,就是怎样去学习。"学习能力的修炼提升是一个渐进的过程,不可能一蹴而就,需要克服功利心理,付出长久的坚持和努力。**要培养学习兴趣。**兴趣是最好的老师,只有对外在事物感兴趣,愿意去了解、去感知,才会有学习的内在动力,这样,学习才会保持新鲜感,越学越嫌不足,越感到知识的匮乏和自身的渺小,就越会有求知欲望,形成一个良性循环的过程。切莫把学习当作一种负担，如果畏难止步、三天打鱼两天晒网，则终难学有所成。**要明确学习内容。**学习的目的全在于应用，一定要坚持学以致用、用以促学、学用相长。既要学习书本知识，提高认知能力，获得心灵的充实，进而了解历史、现在和未来；也要自觉向实践学习，注重学习人生经验和社会知识，从实践中获取真知；更要完善知识结构，逐步形成自己的观点、方法和思想，构建起与时俱进的知识体系和价值体系。**要掌握学习方法。**方向确定以后，方法便为王。学习方法并无固定模式，适合很重要，要善于通过反复实践、反复对比，找准适合自己的学习方法，长期坚持，才能形成良好的习惯，从而获得事半功倍的成效。**要坚持终身学习。**众所周知，现代社会知识更新的周期越来越短，学习也就须臾不可放松，需要树立和养成终身学习的理念和习惯，不贪一时之功，不图一时之便，真正做到活到老学到老。真正把学习当成一种责任，一种生存方式，使学习工作化，工作学习化。同时要久久为功，充分认识到学习不会立马见效，需要点滴积累、持之以恒，才能有所收获。

　　要提升思考能力。思考能力是对事物进行分析、综合、推理、判断等，并获得认知和积累的一种能力。思考能力决定着一个人的格局和境界，而格局和境界对领导干部来说尤为重要。事实告诉我们：学而不思则罔，思而不学则殆。只有学思有机结合，才能相得益彰。只有通过学习与思考，才能了解和掌握一些规律性的东西，做到融会贯通、为我所用。一般来说，独立的思考能力是获得独立人格的唯一途径。"我思故我在"说明人只有在理性思考的时候，才能真正获得存在的价值。**勤于思考，是通向成功的敲门砖。**没有思考的行动是盲目的，没有思考的事业是平淡的，没有思考的人生是乏味的。不想思考、不善思考、不会思考，是创造不出一流业绩的。培养独立思考的能力，一般取决于两个因素：智力的强弱和能否运用思维技巧。然而，对大多数人而言，智力其实相差不大，关键就在于是否会运用思维技巧。**要优化思维方式**。遇事要勤于思考，不迷信固有的经验和做法，因为情况总是在变化着的，不能总是按老办法办事。要有逆向思维，能够用新观点、新角度和新的方式研究和处理问题，以求产生新的思想，从而进行创造性的活动；要有发散思维，能够站在不同的角度思考问题，善于把所学、所思和碎片化的知识，跨界的知识汇集起来，总结提升，内化吸收；要有超前思维，能够及早谋划，提前布局，不打无准备之仗，努力开创良好局面。**要学会跳出自身看自身**。善于登高望远，放开视野去比较，看清自己的位置、自己的真实情况；学会用"第三只眼"看自身，以旁观者的心态，高出事物的一两个层次来审视自己，看清自己的缺点和不足，明确努力的方向和目标。同时，又要找准自己的定位，立足此时此地的人生思考问题，扬长避短，不纠结过往，不忧心未来，认认真真做好当下正在做的事情。**要学会静心思考**。静下心来思考，会有意想不到的收获。朱自清说："我爱热闹，也爱冷静；爱群居，也爱独处。"独处可以激发思考的力量，在冷静中获得更多的体验和感悟。领导干部要善于从纷繁的事务中抽脱出来，适当减少社交应酬活动，时时反躬自省，思考谋划未来，更新认知体系，更好地指导学习和工作。

要提升总结反思能力。总结是指人们对自身实践进行检查、评价、分析研究，作出带有规律性的结论。反思是指回头、反过来思考，检查过去事情中的错误，从中吸取经验教训。大总结有大收获，小总结有小收获，不总结就没收获。美国教育家波斯纳提出了被大家公认的研究理论：成功＝经验＋反思。可见，只有在不断总结反思自身的行为和思想中，才能逐渐完善和提高自己，并最终获得成功。**总结反思能使人走向成熟，变得深邃，臻于完善。**总结反思是一种习惯，是一种智慧，更是一种能力。古人尚且能做到"吾日三省吾身"，领导干部更要积极行动起来，学而不止，思而不乱，行则有规，克服自身局限，不断修炼提升自己总结反思的能力。**要以问题为导向。**俗话说："金无足赤，人无完人。"要以审视的眼光去总结反思自己的言谈举止，在其中发现问题、正视问题、反思问题、解决问题，而不能放任自己的言行、漠视自身的弱点、混混沌沌地野蛮成长。正如苏格拉底所说"未经审视的生活是不值得过的"，要有问题意识和批判精神，时时、事事、处处总结反思，改变日复一日"推磨式"的应付心态。**要以客观为标尺。**总结反思要做到公正客观，实事求是，不能偏执、钻牛角尖，认为自己全都对，别人尽是错，要分清哪些是经验，哪些是教训，不能掺杂私心，否则就会导致经验教训的失真，对工作的促进作用也就无从谈起。**要以他人为镜鉴。**"以铜为镜，可以正衣冠；以史为镜，可以知兴替；以人为镜，可以明得失。"个人的经验教训虽然直观真切，但其广度和深度有限，要善于以他人为镜，从他人的经验中获得经验，从他人的教训中吸取教训，从而少走错路和弯路。成本最低的财富就是把别人的经验当作自己的经验，把别人的教训当作自己的教训。**要以实践为目的。**总结反思的目的在于应用，在于继续前行，在于全面提高。领导干部担负重要责任、光荣使命，更要注重总结反思，自觉地把认知与实践结合起来，把务虚与务实结合起来，做到知行合一、学用相长,从而在不断总结反思中升华思想、提高境界、指导实践、推动工作。

要提升创新能力。创新能力是为了达到某一目标,综合运用已知的信息,不断突破常规,发现或产生新事物、新思想、新方法的一种能力。世上唯一不变的是变化。"苟日新,日日新,又日新",强调的是每时每刻的创新、变化和发展。创新是人类特有的认知能力和实践能力,是人类主观能动性的高级表现,是一个民族进步的灵魂,是一个国家兴旺发达的不竭动力,是社会进步的基础和源泉。**成功源于创新,创新成就成功。**要想走在时代前列,不落伍、不退步、有作为,就一刻也不能没有创新思维,一刻也不能停止创新行动,一刻也不能放松修炼提升自身的创新能力。任何一项创新都不是无源之水、无本之木,创新能力一定源于不断学习和实践。**要学会质疑鉴别。**常有所疑,是创新的开端和起点。日常生活中,要注意观察、善于怀疑,遇事多问几个为什么,敢于质疑权威,不唯书、不唯上,不墨守成规,善于发现问题,敢于面对问题,勇于承认问题,长于解决问题,从而推动工作和自身不断进步。**要善于借鉴吸收。**创新不是推倒一切,从头再来,而是继承已有的基础、传统和成功的经验,站在前人的肩膀上、俯身基层群众的创造创新上、放眼外地的好做法好经验上进行新的探索和实践,进而获得独创的、新颖的、具有社会价值的精神和物质财富。**要敢于探索尝试。**"弄潮儿向涛头立",有了新的思路和想法,还要敢于尝试,不怕失败,积极主动投身实践,善于从失败中总结经验,进而用新的成果来推动自己的学习工作,在解决实际问题的过程中增长才干,这样才会"手把红旗旗不湿"。世上许多事情并不是能不能的问题,而是敢不敢的问题。尝试不一定都会成功，但不去尝试就不可能获得成功。**要永不自满停步。**生活从不眷顾因循守旧者，没有最好，只有更好。不满足于既有的成就，勇于自我批判，善于比较，寻求更优方案，始终保持思维的活跃性、思想的敏锐性、思路的开阔性，不断丰富更新和完善自身的知识储备，进行更多的富有创造性的工作。

实践才能出真知　总结借鉴悟性不可缺

"纸上得来终觉浅，绝知此事要躬行。"所有实际能力的获得都要靠实践。习近平总书记要求党员干部："一定要坚持理论和实践相结合，注重在实践中学真知、悟真谛，加强磨练、增长本领。"领导干部要坚持在干中学、学中干，通过实践来增加阅历、增长才干；要多总结经验教训，才能遇事不慌、沉稳冷静处理各种问题；要多借鉴历史的教训和别人的成败得失，尽可能地避免错误的再次发生；要多领悟人生的真谛和真理，学会透过现象看本质，坚持学习实践、格物致知、修身养志，不断增长各方面本领。

实践出真知，实践长真才。时代是思想之母，实践是理论之源。实践是提高党员干部能力的根本途径，是推动各项工作落实的有效办法。领导干部要想成为本职工作的行家里手，就必须在实践中探求真理，在斗争中锤炼本领。**实践是检验真理的唯一标准**。"耳闻之不如目见之，目见之不如足践之。"毛泽东曾指出，真理只有一个，而究竟谁发现了真理，不依靠主观的夸张，而依靠客观的实践。"只有千百万人民的革命实践，才是检验真理的尺度。""真理的标准只能是社会的实践。"思想、理论自身不能成为检验自身是否符合客观实际的标准，正是实践，也只有实践，才能够完成检验真理的任务。习近平总书记强调："要学习掌握认识和实践辩证关系的原理,坚持实践第一的观点,不断推进实践基础上的理论创新。"领导干部只有认真实践、深入实践、反复实践,才能把握规律、获得真知、寻得真理。**实践是获取真知的必经之路**。无论是科学技术的进步,还是社会制度的变革,都是人们通过不断地实践探索得来的。人们通过实践来检验理论,发现其中的不足,然后改进,再实践,如此循环往复,推动着人类社会的进步。实践是获取科学真理的关键,科学家们通过反复的实验和观察,不断验证和完善理论,推动了科技进步。在社会领域,实践更是获取真知的重要途径。人们通过实践来理解社会现象,发现问题,提出解决方案。实践出真知,这不仅是一种认识论,更是一种生活态度。领导干部应以开放的心态去实践,以批判的精神去学习,以勇敢的态度去创新,不断推动社会的进步和发展。**实践是增长才干的真正捷径**。人的本领不是从天上掉下来的,也不仅仅是从书本里得来的,只有多经事、多干事,才能不断成长、成熟、成才。干得多了,见得多了,内心就会从容有力,办法就会自然涌现,做起事来就能驾轻就熟,不仅有效推进了工作,个人也得到了极大地锻炼。习近平总书记要求我们:"加强实践锻炼、专业训练,注重在重大斗争中磨砺干部,增强干部推动高质量发展本领、服务群众本领、防范化解风险本领。"领导干部要自觉加压,眼里有事,手中有活,向实践学习,勇于到任务繁重、条件艰苦的地方去磨练自己,增强自己处理复杂、艰险问题的能力和水平,提高自己遇事不慌,处事不乱的心态和本领,从而在实践中获取真知识,学到真功夫,掌握真本领,不断提升能力素质。

善于总结,不断进步。善于总结经验,这是中国共产党的一个优良传统。毛泽东曾说："我是靠总结经验吃饭的。"这里面蕴含了深刻的辩证道理和卓越的政治智慧、高超的领导才能。总结就是在事后进行回顾梳理、分析评价，目的是对取得的成绩进行肯定进而得出经验，对失败和错误深入检查，找出原因，以利再战。善于总结者，能够把零散的、肤浅的感性认识上升为系统、深刻的理性认识，最终指导实践、取得实效。现实中，一些党员干部不注重、不善于总结反思，经常在同一个问题上绊倒两次，这也是影响个人成长进步的重要原因。领导干部要把总结反省作为提高个人能力素质的重要途径，经常对工作进行总结反思，才能尽快适应工作、提升水平、创新工作方法。**要客观真实地总结。**任何夸大、缩小、歪曲事实的做法都会使总结失去价值。要坚持实事求是，立足自身实践，客观公正地分析、总结自己工作中取得的成绩和经验，认真分析出当前面临的困难和问题，科学谋划今后的奋斗目标，确保方向正确、有所收获。**要全面辩证地总结。**既总结正面经验以增强斗志和信心，又总结反面教训，获得清醒的认识。既总结历史经验以少走弯路，又总结新的经验，不断适应变化发展的新常态。既总结自己的经验，增强工作的自觉性、主动性和预见性，又总结别人的经验，避免重蹈覆辙。**要在总结中提升完善。**总结是为了取得更大的进步，要自觉把认识与实践相结合，把务虚与务实相结合，及时革除不合时宜的思想观念、工作作风、工作方法，提出解决问题的办法措施，做到知行合一、学用相长，在总结反思中提升个人能力和素质。

学习借鉴，择善而从。"观今宜鉴古，无古不成今。"领导干部要善于从历史经验和他人身上学习借鉴，总结反思，对照自身，择善而从，择不善而改。**以史为镜，可以知兴替。**习近平总书记强调:"历史是最好的教科书。""学史可以看成败、鉴得失、知兴替。"只有通过对历史的学习,全面总结经验、理性认识现状、科学预见未来,不断深化对社会发展规律的认识,才能更加坚定不移地坚持中国特色社会主义道路,以改革创新的精神全面推进各项工作。学习历史可以教会我们历史地、辩证地看问题,从正反两方面看待历史经验,增强认识和把握党的路线方针政策的深度,规避发展中可能发生的错误与风险,推动各项工作在正确的道路上不断前进。**以人为镜,可以明得失。**"不识庐山真面目,只缘身在此山中。"很多时候,人们往往看不清自身,找不准方向,但如果能够以人为镜,即从他人的角度看待自己,或者通过他人的反馈来认识自己,那么就可以明白得失。以人为镜可以帮助我们更客观地看待自己,消除自身的偏见和盲点,更加全面地认识自己;以人为镜可以帮助我们了解自己的优缺点,看到自己的长处和短处,进而找到努力的方向;以人为镜还可以帮助我们更好地与人相处,提升为人处世的情商,建立更好的人际关系。因此,在面对困难和挫折时,我们不妨从他人的角度来看待自己,以此明得失,更好地前进。**见贤思齐,见不贤而内自省。**从为人处世来讲,"见贤思齐"是人们学习、修身、进步的最好方式之一。荀子说:"学莫便乎近其人","学之经莫速乎好其人"。多向贤者、良师学习,向优秀的人学习,鞭策自己不断进步,是获得成长的重要途径之一。见不贤则要内自省,面对社会上的不良现象、看到他人不当的言行举止,要反躬自省,以此为鉴,自觉规避,这样就能不犯错、少犯错、少走弯路。

提高悟性,融会贯通。悟性就是对事物的感知力、思考力、洞察力,就是能够快速地掌握知识,并能够将这些知识融会贯通运用到一些类似的情况上。老话讲："聪明人一拨三转，糊涂人棒打不回。"这里所说的"聪明人"就是有悟性的人。悟性是一种只可意会、不可言传的智慧；是观察力、理解力、思考力、总结能力等多种显性能力聚合达到一定程度时，从潜意识迸发出的一种高级能力。**当干部光靠勤奋还不够，还要有悟性。**悟性犹如一个"加速器"，能缩短干部成长的周期，提高工作的前瞻性、统筹性、实效性，必须用好悟性这把"金钥匙"，否则就会被岗位和时代所淘汰。**要有见微知著的感知力。**领导干部要增强工作敏锐性，一滴水里观沧海，一粒沙中看世界，善于发现和抓住"滴水见太阳"的东西，对新知识、新事物、新情况抱有浓厚兴趣，以小见大，善于见微知著、取长补短、汲取精华，成为岗位的行家里手，从源头打牢悟的基础。**要有举一反三的发散力。**大疑大悟，小疑小悟，不疑不悟。不唯上不唯书只唯实，对权威不固执不迷信不盲从。要会举一反三、触类旁通，观一叶落知天下秋，窥一斑而知全豹。要做有心人，世事洞明皆学问，时刻关注周围，善于抓工作的"空白点"，抓领导未强调、未要求而又必不可少、不可忽视的工作，关注到别人不能发现和难以发现的端倪，关注常常被人视而不见和见惯不惊的事情。**要有由表及里的洞察力。**悟性是种感性认识，有时候并不总是可靠，必须让思想在冷静中飞跃、升华，经常总结反思，养成多动脑子、多思考的习惯，在繁杂的工作中发现规律，调整悟的方向，找准悟的方法，在纷乱中理清思绪，于迷茫中晓明真理。

敢担当能担当

所谓担当,就是在履职中承担起应尽的义务,在履行义务中发挥出自己全部的能量,在能量发挥中创造出有助于发展的效益。习近平总书记指出:"担使命,就是要牢记我们党肩负的实现中华民族伟大复兴的历史使命,勇于担当负责,积极主动作为,用科学的理念、长远的眼光、务实的作风谋划事业;保持斗争精神,敢于直面风险挑战。"领导干部要不忘初心、牢记使命,勇于担当、攻坚克难,越是艰险越向前,用汗水浇灌收获,以实干笃定前行,努力创造经得起历史和人民检验的实绩。

当干部就得有担当

使命呼唤担当，担当践行使命。敢于担当是共产党员的政治品格，也是我们党对领导干部的一贯要求。习近平总书记指出："能否敢于负责、勇于担当，最能看出一个干部的党性和作风。""干部就要有担当，有多大担当才能干多大事业。"担当是干部与生俱来的天职，不担当就不配当干部。领导干部要敢于担当，面对困难挑战挺身而出；要善于担当，面对复杂局面能应变自如；要乐于担当，通过担当展现才华实现抱负。

担当是共产党员的政治本色。党的性质和宗旨决定共产党人必须担当实干。中国共产党从成立之日起，就自觉把对国家、对民族、对人民的责任牢牢扛在肩上；共产党人自入党那一刻起，就随时准备为党和人民牺牲一切、为共产主义奋斗终身。**担当实干是检验共产党人先进性和纯洁性的重要方面。**红军初创时期，有一位青年战士问他的领导："参加共产党有什么好处？"这位领导回答："让我看，参加共产党有九十九条都是'坏处'，要吃苦在前，享受在后；要冲锋在前，退却在后；可能被杀头，还会坐牢；危险的工作要抢着去干；如果军装不够，要让给别人穿；饭少人多，要让群众先吃，自己饿肚子……要说好处，我看只有一条，全心全意为人民服务，人民才会拥护你。"这些所谓的"坏处"，实际上就是党员干部的担当作为。"我是谁，是什么样的人？

也许你从来没有想过。我是离开最晚的那一个，我是开工最早的那一个，我是想到自己最少的那一个，我是坚守到最后的那一个，我是行动最快的那一个，我是牵挂大家最多的那一个。我是中国共产党人，始终和你在一起。"这是对新时期千千万万身处平凡岗位、担当实干的共产党人的真实写照，正是一以贯之的担当实干的政治本色，使我们党不断发展壮大，始终走在时代前列，得到人民拥戴。**守土有责、守土负责、守土尽责。**中共中央办公厅印发的《关于进一步激励广大干部新时代新担当新作为的意见》要求广大干部："不负党和人民重托，以守土有责、守土负责、守土尽责的责任担当，在其位、谋其政、干其事、求其效，努力作出无愧于时代、无愧于人民、无愧于历史的业绩。"领导干部要认真学习贯彻意见要求，强化恪尽职守责任担当，坚定理想信念，牢记党的宗旨，为中华民族伟大复兴勇于担当，甘于奉献。要切实发挥示范表率作用，带头履职尽责，带头担当作为，带头承担责任，一级带着一级干，一级做给一级看，以担当带动担当，以作为促进作为。

担当是党员干部的应有品格。担当是共产党人从历史中继承的优良品质，是党对党员干部提出的政治要求，是党的干部必须具备的基本素质。**担当是党员干部的优良政治品格。**领导干部作为党和政府的执政骨干，只有具有优良的政治品质，才能在大是大非问题上明辨是非、立场坚定；才能在错综复杂的矛盾和形势面前坚持原则，旗帜鲜明。领导干部优良的政治品质由诸多要素综合形成，而责任担当，则是一个关键、核心的要素。领导干部有责任担当，方能不辱历史使命。每种职业、每个人都有特定的历史使命，作为新时代党的领导干部，就要在品德上高于人、形象上好于人、作风上严于人、行动上先于人，要肩负起对民族的责任、对人民的责任、对党的责任。也就是说，领导干部要履行这种责任，其担当精神和品质须臾不可或缺。**担当是好干部的本分。**习近平总书记提出的新时代好干部标准中，敢于担当是其中一条。那些碰到责任"耍滑头"、遇到困难"软骨头"、见到好处"忙伸头"的干部，本质上不仅无一丝"守初心担使命"可言，更无半点忠诚可谈。党和人民把干部放在岗位上，不仅是对干部的信任，更是赋予其担当干事的责任。干部干部，干字当头，不干，就半点马克思主义也没有，就是不担当，就不可能履职尽责。领导干部只有敢于担当责任、勇于直面矛盾、善于解决问题，才能真正深刻诠释对党的忠诚、对人民的赤诚。领导干部要牢固树立担当意识，坚持党的原则第一、党的事业第一、人民的利益第一，面对大是大非敢于亮剑，面对矛盾敢于迎难而上，面对危机敢于挺身而出，面对失误敢于承担责任，面对歪风邪气敢于坚决斗争，平常时候看得出来、关键时刻豁得出来、危急关头顶得上去，切实做到为党分忧、为国尽责、为民奉献。

担当是党员干部的自身职责。党章规定："党的各级领导干部必须信念坚定、为民服务、勤政务实、敢于担当、清正廉洁。"革命战争年代，无数革命战士抛头颅，洒热血，用生命捍卫革命胜利的果实。新中国成立初期，无数共产党人以"敢教日月换新天"的气概建设新中国。今天，实现中华民族伟大复兴、建设社会主义现代化强国的重任，需要我们敢于担当、勇于负责。**干事担事，既是干部的职责所在，也是价值所在。**作为领导干部，应牢记党的初心和使命，把担当作为自身职责的基本要求，在其位、谋其政，任其职、尽其责。一个人能力有大小、水平有强弱、职务有高低，遇到任何事情，不管喜欢不喜欢、愿意不愿意，做跟不做是态度问题，做实跟没做实是用心问题，不能脚踩"西瓜皮"，滑到哪里算哪里。担当是领导干部的"身份证"。它具有永不退却、历久弥新的英雄底色。乐于担当体现的是一种先忧后乐的思想情怀；敢于担当体现的是一种迎难而上的责任意识；善于担当体现的是一种有勇有谋的能力素质。**担当检验政治能力，担当诠释标杆表率**。每一名领导干部都应以一生的忠诚和担当，传承共产党人大公无私、艰苦奋斗的优良作风，演绎勇于担当、奋楫争先的时代强音。"火车跑得快，全靠车头带。"领导干部身处一个地区、一个单位或一个部门的核心地位，位置重要，责任自然也重大。作为走在队伍最前面的领路人，领导干部理应是组织中的标杆、群众中的榜样。"其身正，不令而行；其身不正，虽令不从。"领导干部身为表率，就应敢于当众亮出"我是标杆"，敢于公开叫响"向我看齐"。只有"一把手"敢喊"向我看齐"，正确领路，一个地方、一个单位就会大踏步向前进。为官避事平生耻，不担当实干就是不忠诚。领导干部要时刻把担当作为自己履职尽责的第一要务，危难时刻挺身而出，紧急关头冲锋陷阵，以扎实有效的工作应对各种风险和挑战，不断开拓改革发展新境界。

担当是人民公仆的鲜明标识。习近平总书记深刻指出："始终坚持全心全意为人民服务的根本宗旨，是我们党始终得到人民拥护和爱戴的根本原因，对于充分发挥党密切联系群众的优势至关重要。"**担当是领导干部作为人民公仆的鲜明标识**。"全心全意为人民服务"不是一句口号，而是需要实实在在的行动，这种实实在在的行动，就体现在领导干部的责任担当上。领导干部有责任担当，才能不违背党的宗旨，才能坚持"权为民所用、情为民所系、利为民所谋",才能真正体现工作的价值。**担当为民是人民公仆的价值追求。**党员干部都是人民公仆,领导干部的权力是党和人民赋予的,就要为人民服务,担当起该担当的责任。领导干部要始终把人民放在心中最高的位置,时刻把人民群众的安危冷暖放在心上,兢兢业业,夙夜在公,始终与人民心心相印、与人民同甘共苦、与人民团结奋斗。要采取针对性更强、覆盖面更大、作用更直接、效果更明显的举措,实实在在帮群众解难题、为群众增福祉、让群众享公平,不断增强人民群众的获得感、幸福感、安全感。领导干部如果有责任担当,即使是为群众赴汤蹈火也会在所不辞。革命战争年代"为人民利益而死"的张思德,和平建设时期全心全意为人民服务的楷模雷锋,新时代正值青春年华、将生命定格在扶贫路上的驻村第一书记黄文秀等,生动体现着履职担当、为人民服务的精神。我们应见贤思齐,崇德向善,通过学习他们的事迹,更加深刻地理解为人民服务作风的内涵和要求,更加坚定地扛起履职为民的永恒责任。为民造福是立党为公、执政为民的本质要求。**切实维护人民利益,增进民生福祉。**领导干部要把始终实现好、维护好、发展好最广大人民根本利益作为工作目标,紧紧抓住人民最关心、最直接、最现实的利益问题,深入群众、深入基层,采取更多惠民生、暖民心的举措,着力解决好人民群众急难愁盼问题。

有责任感才能有担当

习近平总书记强调:"各级领导干部要以身许党、夙夜在公,以时时放心不下的责任感、积极担当作为的精气神为党和人民履好职、尽好责。"责任感是个人对自己和他人、对家庭和集体、对国家和社会所负责任的认识,以及与之相应的遵守规范、承担责任、履行义务的自觉态度和行动。责任感就是一种认真负责的态度,有好的态度才能有强的担当。领导干部要想把工作干好、干出成绩,就必须以高度认真负责的态度对待群众、对待工作,勇于担责、敢于担责、乐于担责、善于担责。

勇于担责,体现党员先锋模范作用。党员干部对工作是否尽心尽责,敢不敢承担责任,既是作风和精神状态问题,也是对党和人民的事业的态度问题。**党员的先进性就在于履职尽责。**习近平总书记强调,是否具有担当精神,是否能够忠诚履责、尽心尽责、勇于担责,是检验每一个领导干部身上是否真正体现共产党人先进性、纯洁性的重要方面。能否敢于负责、勇于担当,最能看出一个干部的党性和作风。作为共产党员,只要有利于党的事业,该做的事顶着压力也要干,该负的责冒着风险也要担,不管面临什么艰难险阻,不管遇到什么大风大浪,都要始终勇往直前,以强烈的政治责任感和历史使命感,保持只争朝夕、奋发有为的奋斗姿态和越是艰险越向前的斗争精神,以钉钉子的精神抓工作落实。**党员的责任就是要担当**。邓小平曾说："谁叫你当共产党人呢，既然当了，就不能够做官，不能够有私心杂念，不能够有别的选择，应该老老实实地履行党员的责任。"不做官，而要"做点工作"，体现出邓小平关于"党员责任"的担当，也集中体现了我们党反对空谈、强调实干、注重落实的优良传统。**在履职尽责中实现自身价值**。一个勇于担责的干部，才能赢得组织重托和群众依赖；一个勇于担责的政党，才能赢得人民的拥护和支持，才能被委以社稷大业。领导干部要树立岗位就是使命、责任就是命令的担当意识，在任何时间、任何地点，都始终如一地对工作负责，把责任落实落细落小；要全身心投入事业，干一行、爱一行、专一行、精一行，精其术、竭其力、成其事、乐其业。同时，要将自己肩负的责任明了于胸，牢记于心，按照职责要求，把自己该管的事情管好，该做的工作做好，该尽的义务尽好，该完成的任务完成好，既不推给别人也不应付了事，尽心竭力，善作善成。

敢于担责，领导干部才能有所作为。干事创业是每个人的人生追求，人人都有一个干事的岗位，任何岗位都是与一定的职、责、权相匹配的。人的真正价值，也主要是在岗位上体现的。对领导干部来说，在其位就要谋其事、尽其责。只有把事业当爱好，把岗位当责任，敢于作为、善于作为、担责有为，才能成为一名合格的好干部。**领导就是责任**。习近平总书记在接受俄罗斯电视台专访时指出："我的执政理念，概括起来说就是：为人民服务，担当起该担当的责任。"有多大的担当才能干多大的事业，尽多大的责任才会有多大的成就。担当尽责，体现着领导干部的党性和觉悟，体现着领导干部的胸襟和勇气，也决定着领导干部职责的履行、作用的发挥、贡献的大小。中国共产党的根本宗旨是全心全意为人民服务，做起而行之的行动者，当攻坚克难的奋斗者，既是义不容辞的政治责任也是舍我其谁的历史使命。党的领导干部就应当先之劳之、以身作则，就应当敢于负责、敢于担当。不管组织把我们放在哪一个岗位上，不管职务高低，都应挑起自己的担子，担起自己的责任，做到守土有责、守土尽责。**尽责笃行，善作善成**。领导干部作为"关键少数"，就是要在岗位上担当负责，把人民赋予的权力、组织交给的职位全部用在干事创业上。领导干部担当负责，内涵和要求是多方面的，但最重要的就是竭尽全力、认真负责。要有"等不起"的紧迫感、"慢不得"的危机感、"推不掉"的责任感、"坐不住"的使命感，挫折面前不气馁，挑战面前不退缩，困难面前不低头，脚踏实地、埋头苦干，竭尽全力干好每一件事、落实好每一个任务；要有强烈的事业心和责任感，把奉献作为最大快乐，坚持提高业务技能和工作能力，爱岗敬业，任劳任怨，努力创造出一流的工作业绩。

乐于担责，不断提升能力走向成功。一个人的能力和水平，不是靠"躺平"和"故步自封"就能得到的。有的人常常碰到矛盾和难题就绕道走，把自身责任往外推，随着年龄增大，能力却依然原地踏步；而有的人坚持以满腔热忱担责尽责、锐意进取，虽然年纪轻轻却能崭露头角。能力和水平不是天生的，只有真正担起责任，在克服困难和解决问题中才能不断增长和丰富。**乐于担责是提升能力水平的捷径**。一个人的成长需要学习锻炼的平台。习近平总书记强调，要努力成为所在工作领域的行家里手，不断提高应急处突的见识和胆识，对可能发生的各种风险挑战，要做到心中有数、分类施策、精准拆弹，有效掌控局势、化解危机。领导干部要善于通过实践去解决棘手的问题，坚持站在群众的立场想问题、做事情、破难关、解民困,从而在实践中锤炼能力,在担当履职中提升水平。要不断地加强学习,培养潜心的专业意识、匠心的专业能力、精心的专业素养、尽心的专业精神,在解决复杂多变的实际问题时展示出应急处突能力的自觉与自信、自强与自立,达到"不畏浮云遮望眼""乱云飞渡仍从容"的境界。

乐于担责是成长进步的阶梯。 领导干部身担要职,常常身处矛盾的中心、困难的焦点、繁杂事务的旋涡,往往也是组织和人民群众的关注点。遇到困难问题或者说棘手的事,首先要敢想敢做,乐担当、能担当、善担当。要敢于直面问题,在面对难题顽疾和急难险重任务时,不躲不绕不推托,以舍我其谁的气魄,真抓实干的勇气,动真碰硬,在解决困难中体现自己解决问题的聪明才智,迎难而上的工作态度、团结干事的豁达胸怀,在工作舞台上充分展现自我的能力和水平,从而赢得组织的认可和群众的信任。

善于担责,必须讲求正确方式方法。 勇于负责的人,往往能够在面对困难和挑战时以积极的态度和行动去解决问题。但是,勇于负责绝不是胡乱拍板,更不是为了局部利益任意妄为。任何情况下,是否具有科学的态度,是否自觉地以局部利益服从全局利益,是否坚持不做则已、做就做好的高标准,既是对领导干部是否真正有责任感的检验,也是对领导干部党性强弱、领导水平高低的检验。领导干部要善于担责,用正确的方式方法扛起肩上的重任。**站位全局的高度,有所为有所不为。** 敢于担责、勇于担责的领导干部,每天会面临很多工作上的决策、选择和取舍,有些可以干、有些暂时不能干,要认真思考分析。必须干的事情,一定要认真干。但时机不成熟的事情,就不可蛮干硬干。为与不为,要看是否符合事物发展的规律和趋势,是否符合党的大政方针政策和上级决策部署，是否符合人民群众的根本利益，是否符合法律法规和党纪党规。如果毫无原则，盲目冒进，逆势而为，甚至是胡作非为，最终损害的是党和人民的事业，甚至是毁掉自己的一生。担责者在有所为时，必须全力以赴把事情干好干成；有所不为时，当明晰边界不逾越。努力做到当为之时朝气蓬勃意气风发，不为之处心如止水知进知退。**立足全面的广度，统筹兼顾协调推进。**统筹兼顾就是要协调好各方面关系、平衡好各方面利益，使得各项工作任务能够健康协调可持续发展。如果不能兼顾各方、各得其所，就会形成不稳定的因素。担责者必须运用好统筹兼顾这一科学方法，想问题要通盘考虑，要有全局观念和大局意识，立足于当地实情实事求是，从全局的高度找到最大公约数，兼顾好各方利益。要充分调动各方积极性，既能总揽全局，统筹规划，又能抓住牵动全局的主要工作、事关群众利益的突出问题着力推进，重点突破。要多做打基础利长远的事，不做不可持续的事，打牢长远发展的根基。要善于"十个指头弹钢琴"，既抓住重点，又兼顾全面，统筹高质量发展和高水平安全，持续有效防范化解重点领域风险。这样才能担起党和人民赋予的重任，不负组织和人民的重托。

有本事才能真担当

领导干部有了担当精神，还必须具备解决难事、化解难题的本领。否则，就是盲目的担当，就当不好干部。习近平总书记强调："领导干部不仅要有担当的宽肩膀，还得有成事的真本领。"领导干部没有过得硬的本事，就不可能谋求新作为。敢担当要靠宽肩膀，真成事要靠真本事，这是领导干部自身正、自身硬的两个支柱，缺一不可。只有练就开口能讲、提笔能写、问策能对、遇事能办的真本事，才能在危急关头站得出来、豁得出去，紧要时刻临危不乱、指挥若定，面对艰险冲锋在前、身先士卒，以足够强的本事真担当，扛牢扛实党的事业。

有本事，担当才有底气。 有的领导干部在担当面前裹足不前，其中重要原因也不乏能力问题。能力不足，本事不强，在其位不能胜其职，是无法担当的重要因素之一。领导干部面对日新月异的发展形势，如果能力不达标、才能不胜任，就有可能落伍，甚至淘汰，就会辜负组织和群众的期望。只有针对自身的知识空白、经验盲区、能力弱项，不断学习、反复实践、善于总结，丰富知识储备、完善知识结构、构建知识体系和认知体系，才能练好会担当、善作为的真本事。**使命重在担当，担当需要本事。** 习近平总书记强调："领导工作要有专业思维、专业素养、专业方法。"新时代是一个大发展、大变革的时代，也是一个新情况、新问题、新矛盾不断涌现的时代。尤其是在发展领域不断拓宽、分工日趋复杂、形态更加高级、国际国内联动更加紧密的当下，领导干部肩负着新时代的新使命，要着力解决好发展不平衡不充分问题，啃下深化改革的众多"硬骨头"，更需要有专业思维、专业素养、专业方法做基础。领导干部只有让自己的专业素养和工作能力跟上时代的节拍，才能肩负起对党忠诚、为党分忧、为党尽职、为民造福的政治责任，肩负起只争朝夕、勇立潮头的历史使命，肩负起守土有责、守土尽责的责任担当。**艺高人胆大，走遍天下都不怕。**"褚小者不可以怀大，绠短者不可以汲深。"人如果没有较强的能力本领、素质实力，就难堪大任。伟大事业要发展、艰难险阻要攻克、各种风险要防范，必然要求领导干部在干事创业上得有"两把刷子"。回望我们党100多年波澜壮阔的历史，"星星之火，可以燎原""摸着石头过河""不管黑猫白猫，抓到老鼠就是好猫""解决了许多长期想解决而没有解决的难题，办成了许多过去想办而没有办成的大事"，中国这艘大船在时代的波涛中披荆斩棘、乘风破浪，这都是一代一代共产党人靠着学习实践磨砺出的过硬能力本领，前赴后继地艰苦奋斗得来的。新时代，面对层出不穷的新事物、新问题，面对伟大事业、伟大复兴，肩负重大历史使命的领导干部，决不能"以其昏昏、使人昭昭"，必须努力提升"八种本领""七种能力"，成为一名能干事、干成事、不出事的好干部。

越肯担当，就会越有本事。肯担当与有本事往往相辅相成，互促互进。不敢担当，当然不能长本事。在日常生活中，经常会听到有人说"我不会""我不能""我不行"，一安排任务，有的说"不会干"，有的说"干不了"，时间久了，就真的什么都不会干、什么都干不了了。有些领导干部在挑战面前，第一反应就是不肯干、不能干，不愿意挺身而出，承担责任。只想躲在自己的舒适区里故步自封，不想创新、不会开拓、不愿前进，最终错过了发展的机会。究其原因，还是缺乏自信、底气不足、不愿担当、不敢担当，缺少自我挑战的勇气。**不给自己设限，凡事皆有可能。**没有做不到的，只有想不到的。遇到事情首先就研究不可行性，总是找理由和借口，就永远迈不出开拓的脚步。要解放思想、开拓思路，就要从心里否定消极的想法，增强干事创业的信心勇气，从心里认为自己行。要多搞可行性、建设性研究，发扬"逢山开路、遇河架桥"的精神，强化"狭路相逢勇者胜、百舸争流奋者先"的理念，对其可行性出思路、提建议、找办法，力争找到合适的解决途径。一旦给自己设限，人生就会黯然失色。不愿迈开前行的脚步，就无法到达最美的远方；不敢放下眼前的安逸，终究无法得到永久的安稳。许多事不是"能不能"，而是"敢不敢""愿不愿"，只要多一些思考、多一些自信、多一份责任，或者换个角度、换种方法，也许就会干成事、干好事。**敢担当才有本事，有本事才有机会。**现实生活中，那些平时服从指挥、敢于担当，工作扎实勤恳、注重提高自身素质和水平的领导干部，总会比别人得到更多的机会，这样的领导干部往往能凭借其出众的才智和过硬的工作实绩，在实际工作中脱颖而出，获得发展机会。担当虽然往往意味着比别人付出得多，承担的风险多，辛苦和劳累多，受到的批评、误解、委屈更多，但人生没有白走的路，每一步都算数。在履职尽责、开拓实践的过程中，往往能够让自己不断磨练心智，学会坚韧不拔；让自己增长才干，提升工作能力和水平；让自己获得更多思考和感悟，提升思维能力和认知水平。人民需要能力出众的领路人，群众需要为人友善的公道人，组织需要迎难而上的担当人，领导需要服从管理的实干人。领导干部只有真正担当起来，才能一点一滴地提升自己的能力、积蓄自己的能量，才能果断地抓住机会，用奋斗赢得成功。

善学习，勤实践，不断提升担当本领。学习是人类已有能力的延伸，可以使人们拥有更多的能力。学习是一个人不断自我完善的过程，在学习上的每一次投入付出，都将内化为自身的能力素质，成为我们前进的阶梯。锻炼是学习的延伸，"纸上得来终觉浅，绝知此事要躬行"。从书本上的认知成为自己的思想和智慧，有一个吸收转化的过程，这个过程就是要通过不断地实践和锻炼才能完成。解放思想、实事求是是中国共产党的思想路线，领导干部只有从实践中来，到实践中去，才能真正实事求是，才能结合实际勇挑重担，善作善成。**加强学习，提升本领**。绳短不能汲深井，浅水难以负大舟。习近平总书记强调："只有加强学习，才能增强工作的科学性、预见性、主动性，才能使领导和决策体现时代性、把握规律性、富于创造性，避免陷入少知而迷、不知而盲、无知而乱的困境，才能克服本领不足、本领恐慌、本领落后的问题。"领导干部只有把学习当作一种生活态度、一种工作责任、一种精神追求，才能不断优化知识结构、提升专业素养，牢牢把握工作的主动权。要克服自满和懈怠情绪，自觉加强学习，加强实践，虚心向领导、同事学，向专家、基层和群众学，不断提升专业知识、专业素养；要向实践学习，把改革发展的主战场、维护稳定的第一线、服务群众的最前沿作为砥砺品质、增长才干、提高本事的地方。在实践中掌握新知识、积累新经验、增长新本事，增强担当之"能"，形成学以致用、用以促学、学用相长的良性循环。**不怕事难干，只恐技不专。**经风雨、见世面才能炼就一副敢于担当的铁肩膀，多经受一些急难险重的考验，肩膀才能挑更重的担子。担当需要大量的实践和锻炼，需要精益求精，善作善成的"工匠精神"。领导干部要树立"做了不等于做完、做完不等于做好"的思想，决定做就要高标准、做到底、做全套，这样才是真担当，真学习、真锻炼。习近平总书记强调："情况搞清楚了，才能把工作做到家、做到位。"领导干部干事担当，要"先做一步"，牢记"今天再晚也是早、明天再早也是晚，定了的事情就要立马做""咬定青山不放松"，盯着做、盯着抓，确保一做到底；要用心做，业务不仅要"会"，更要"熟"、要"精"。要锤炼好自身的履职本事，提升服务水平，练好"金刚钻"，再去揽"瓷器活"；练好"三板斧"，再进"瓦岗寨"，确保做就要做到位；要"一马当先"做，精益求精、力争上游，把工作做精做细做实。只有这样，才能成为让党放心、让人民满意的好干部。

担当不是抽象的而是具体的

  判断一个人有没有担当精神，不仅要观其言，更要察其行，担当不是口号、不是形式、不是表演，而是一种责任、勇气、实干、毅力和胆量。路遥知马力、日久见人心，一个人的担当，不是靠一朝一夕就能建立的，而是经过长期锻炼，培养出的性格和习惯，会体现为一个人的所作所为、一言一行。担当不是空洞的、抽象的，而是具体的、实在的，习近平总书记强调："我们做人一世，为官一任，要有肝胆，要有担当精神，应该对'为官不为'感到羞耻。"作为领导干部，有担当、讲担当、肯担当、真担当，就必须做到遇到问题不推躲、面对压力扛得住、困难面前有办法。

  担当是遇到问题不推躲。 问题是时代的声音。"必须坚持问题导向"是贯穿习近平新时代中国特色社会主义思想的重要思想方法和工作方法。领导干部敢于担当、勇于担当，就是要直面问题，树立问题意识、坚持问题导向，跟着问题走、奔着问题去，向问题叫板、向问题亮剑，用解决问题的实效取信于民。**复杂问题迎着上。** 作为党的干部，身上有担子，肩上有责任，避事躲事要不得，敷衍了事干不得，消极怠工使不得。"畏难苟安，不是共产党人的品质。"领导干部不能只想当官不想干事，只想揽权不想担责，只想出彩不想出力。如果遇到复杂问题，不敢斗争，绕着走、躲着走，不但不能解决问题，还会贻误发展。有些问题并非无解，关键在于有没有担当，只要心系使命、勇挑重担，就没有过不去的坎。领导干部要多些攻坚克难、攻城拔寨的勇气，少些畏首畏尾、患得患失的顾虑。要立足岗位履职尽责，不畏其难、不厌其烦，对突出矛盾发现在早、处置在小，主动解决而不是回避推卸。对突发事件要敢于负责、临危不惧，关键时刻亲临现场、指挥在前、果断处置。**遗留问题不推脱。**习近平总书记强调："我们要牢记一个道理，政贵有恒。为官一方，为政一时，当然要大胆开展工作、锐意进取，同时要保持工作的稳定性和连续性。"新官要理旧账，理好旧账，是一种能力、一种责任，更是一种担当作为的政绩观和务实无私的作风。作为领导干部，既要敢于"接棒"，又要持之以恒完成整个"接力赛"，这是使命所在、职责所系。同一个岗位，官有新老交替，责任却无变更之理。群众期盼着"新官"能多多"添柴"，而不是胡乱"起灶"。领导干部接任新职，不仅要接下岗位、任务，也要接下职责、承诺，"债权""债务"都要接，切实为党和人民履好职、尽好责。**惯性问题直面干。**面对惯性问题，如果胆怯、害怕、犹豫，不敢、不愿、不会解决问题，不仅不可能干出好的成绩，还容易在日复一日中消磨创新作为的能力，造成知识和经验的"负迁移"。习近平总书记指出，领导干部要勇于直面问题，想干事、能干事、干成事，不断解决问题、破解难题。领导干部要全面检视问题，敢于较真碰硬，属于岗位职能职责范围内的事，要义不容辞照单全收，信守承诺、紧盯目标、找准问题、立行立改，正常的账要清，失误的账要纠，不完善的账要补，尤其是涉及群众利益的"账"要分文不差地还，不能"光打雷不下雨"。要以"功成不必在我"的胸襟、"功成必定有我"的担当，咬定青山不放松，确保一张蓝图绘到底、绘出彩。

担当是面对压力扛得住。习近平总书记指出，党看干部主要就是看"肩膀"，看能不能负重，能不能"超负荷"。作为党和国家事业的中坚力量，在各种负荷、压力面前，领导干部必须打起十分精神，顶着压力干、冒着风险上，挑起最重的担，扛起最大的责，敢啃最硬的骨，在实践实战中不断厚实敢担当、会担当的铁肩膀，在新时代浪潮中持续激发奋勇争先的精气神，做新时代的开路先锋。**要会当"热锅上的蚂蚁"。**一棵树苗，必须经历风吹、雨淋、日晒、虫害等挑战，才能长成参天大树。担当精神也要经受困难、定力、意志等考验才能具体体现。综观古今中外，凡是能够担当成大事的人，都是有着一颗强大的内心，有不被困难打倒的坚强意志，有从容不迫的勇气和东山再起的信心。就如"热锅上的蚂蚁"，一方面要接受"热锅"的烘烤，另一方面还要想方设法到达"锅沿"，力争爬到最高境界。领导干部要做到敢于担当、善于担当，不妨积极主动地多经历一些磕磕绊绊的压力，多面临一些惶恐不安的紧张，让自己在更多的磨难中历练成长，在重重压力和艰难困苦中修炼修养，让自己变得更强大。**面对压力要笃定自信。**在危机和压力面前，任何的惊慌失措、患得患失都有可能错失良机，激化矛盾。每个人的生活和事业都不可能一帆风顺，特别是领导干部，不仅要面对自己个人的压力，还要处理好自己职责范围的人和事。要想在压力面前化危为机，关键时刻就必须稳住心神，沉稳决断，笃定自信。改革开放前夕，邓小平就是顶着"不改革就是死路一条"的巨大压力，沉着冷静、目标明确，带领全国人民以经济建设为中心，坚持四项基本原则，坚持改革开放，开启了激荡中国、震撼世界的伟大变革。面对压力，领导干部要举重若轻，临危不乱地笑对难关，炼就毛泽东"敌军围困万千重，我自岿然不动"的精气神。还要举轻若重，多一些"于细微之处见精神"的态度，以强烈的担当精神和责任感把工作落细落实，化解危机，解决问题。**要善于把压力转变为动力。**习近平在《之江新语》一书中说："把压力转化为动力，可以促进工作，提高质量。"井无压力不出油，人无压力轻飘飘。一个成熟的领导干部，要学会与压力共处，把压力置于自己身后，让其成为一种推动力，激发源源不断的内生动力，迫使自己不断前进。外在压力增加时，就应增加内在动力。领导干部要正确看待压力，面对压力不焦虑、不恐慌，敢于面对、主动担当化压力为动力，把压力看作前进路上的"磨刀石""铺路石"，把任务抓在手上，对复杂问题和棘手问题积极想对策、找方法，愈压愈强、越战越勇。

担当是困难面前有办法。习近平总书记指出："在任何时候，做任何工作，都会有矛盾、有困难。"干工作就是同矛盾和困难作斗争，面对困难，回避只会是"坐以待毙"，迎难而上、敢于担当才有希望。无论是一个人、一个团队，还是一个民族、一个国家，在困难和挑战面前，有了迎难而上的勇气和信心、攻坚克难的意志和气概，就能愈挫愈奋、愈战愈勇，解危局、破桎梏，在绝境中找到出路。**办法总比困难多，方法总比问题多。**"世上无难事，只要肯登攀。"任何事物的发展都是螺旋式上升和波浪式前进的，在发展过程中免不了遇到各种各样的困难和矛盾。但事物终究是曲折前进的，这说明只要"思想不滑坡"，任何困难都不会把我们逼进死胡同。相反，它会给困境中的我们带来意想不到的奇迹，这个奇迹就是战胜困难的能力。能力强了，解决困难问题的方法也就多了，困难这根"弹簧"也就弱了。在困难和挑战面前，领导干部是畏惧退缩还是积极面对，是为失败找借口还是为成功想办法，不仅直接关系到问题能否有效化解，还体现其能力高低、是否有担当精神。**解决困难要大处着眼小处着手。** 习近平总书记强调，要坚持从大局出发考虑问题，向前展望、超前思维、提前谋局。只有掌握了局势，才能把各项具体的工作放到大局大势中去思考、去谋划、去推动。走一步看三步，抓得住重点关键，才不会见子打子、因小失大。敢于担当，善于担当，就是要学会把复杂的问题科学地分解成多个可以解决的小问题，有步骤有条理地把每一个小问题解决，当一个个单一的问题都被解决时，困难复杂的问题也就迎刃而解了。**用好调查研究这个传家宝。** 担当要讲方法，事半才能功倍。调查研究是谋事之基、成事之道，也是善于担当的基本功。通过调查研究掌握实情、抓住症结、解决问题，是习近平总书记一贯的工作方式。1988年，习近平同志赴任福建宁德伊始，就深入基层，听民声，察实情，深入现场办公、协调解决问题，逐步形成"四下基层"工作制度，带领宁德党员干部群众，"滴水穿石""弱鸟先飞"。领导干部研究问题、制定政策、推进工作，"刻舟求剑"不行，"闭门造车"不行，异想天开更不行，必须进行全面深入的调查研究，加强科学论证，防止拍脑袋决策、拍胸脯蛮干。要深入实际摸清真实情况，把事情的真相和全貌调查清楚，把问题的本质和规律把握准确，把解决问题的思路和对策研究透彻，使制定的政策更加符合客观实际、符合群众需要。这样才能更好地化解矛盾、破解难题，真正担好职责使命。

担当成为自觉才能走得更远

自觉担当，就是让自己拥有担当心态、性格和习惯。领导干部只有拥有乐于担当的心态，才会豁达开朗、勤奋努力，甘为"孺子牛"，以无私奉献作为自己的人生观和价值观；只有具备善于担当的性格，才能不怕困难，积极主动，争作"领头羊"，用担当的态度树立形象和实现价值；只有养成敢于担当的习惯，才会更加积极主动地去承担责任，履行使命，成为"顶梁柱"，从而发挥潜力，让人生之路走得更远更光明。担当是党员干部的优秀品质，领导干部应当自觉担当起来，从担当中成就事业、收获幸福。

树立自觉担当的好心态。心态是人的思想、情绪、意志、性格、能力等综合素质的集中反映。心态如同生命的舵轮，积极的心态像太阳，照到哪里哪里亮；消极的心态像月亮，初一十五不一样。一个人只有具备良好的心理状态，才会对自己充满信心，充分发挥内在的无穷潜力。**自觉担当，才能迎来海阔天空。**思想有多远，就能走多远。担当的本质是奉献精神，自觉担当，就是把人生的价值放在奉献上，把成功的标准定在做成事干成事上，从中体会到人生的幸福和乐趣。当下，少数党员干部过于看重自己的个人得失，痴迷于名利。当受到暂时的委屈，处于人生低谷，要么自怨自艾怀才不遇，要么牢骚满腹郁郁寡欢，这样的心态不仅让自己生活得痛苦和狼狈，也让周围的人感到尴尬难处，从而敬而远之。这样的人如果是领导干部则危害更大，要么"躺平"让本地区本部门发展停滞，困难矛盾越积越深，要么充满攻击性激化矛盾，把一个地方搞得乌烟瘴气。拥有自觉担当的心态，才不会感到焦虑、患得患失。领导干部应该用积极主动的心态去工作生活，自觉担起该担的责任，不计较个人得失，不纠结是非恩怨，通过不断推动工作和事业的发展，从中感受到事业成就的快乐，心胸自然就豁达开朗。**自觉担当，人生才能硕果累累**。担当需要有奉献精神，但有的人信奉"机会主义"，讲究趋利避害，在他们看来，挺身而出、奉献自我的人往往就是傻子。其实，路遥知马力，日久见人心，时间和困难是检验一个人人品最好的"试金石"，偷奸耍滑者终究会被大家唾弃、组织否定。而自觉担当作为、勤勤恳恳干事、本本分分做人的同志终究会得到大家的认可和肯定，从而拥有更多改变自己命运的机会。领导干部要摆正位置，站在全局的高度看待问题，把精力奉献给事业，自己才会成长进步；把忠诚奉献给党，自己才会坚定信仰；把幸福奉献给人民，自己才会真正有成就感和获得感。要做能吃苦、能吃亏、能受气的优秀干部，面对个人得失要放平心态，有功劳的时候不伸手、有苦劳的时候不计较、有疲劳的时候不抱怨。只要自觉地把心思放在担当尽责、谋干事、能干事、干成事上，保持定力和耐力，以只争朝夕的工作状态，攻坚克难、砥砺前行，全身心地投入，幸福自然就会来敲门。

培养自觉担当的好性格。性格决定命运，有什么样的性格，往往就有什么样的人生。好性格能给人带来幸运，成为事业成功的垫脚石；不好的性格则可能给人带来厄运，成为前进道路上的绊脚石。担当是勇敢的表现、积极的化身、负责的诠释。一旦具备担当的性格，我们就能从胜利走向新的胜利。**担当者勇敢无畏。**人缺乏勇气诸事难成，人有了勇气无往不胜。担当需要勇气，懦弱者不可能成为担当者。清代名臣林则徐，面对鸦片对中国的毒害，写出"苟利国家生死以，岂因福祸避趋之"的千古名言，留下了虎门销烟的历史壮举。革命年代的刘胡兰、董存瑞、黄继光等英雄，发扬一不怕苦、二不怕死的担当精神，用生命捍卫担当，保家卫国，为新中国的成立和人民的安宁抛头颅洒热血。改革开放时期印春荣、钟南山等时代英模勇挑重任，站队首、当先锋、作表率，用奉献诠释担当。我们伟大的中国共产党是不畏惧任何艰难的政党，共产党人是不怕流血、不怕牺牲的民族脊梁。领导干部必须培养勇敢精神、豪迈气质，把党的事业扛在肩上，在工作岗位上发光发热，以坚定不移的信念直面困难，以奋进务实的姿态躬身实践，以攻坚克难的精神破解难题。要敢作敢为、毫不畏惧，关键时刻豁得出去、压力面前顶得上去、面对危机敢拍板善决策，勇于跳进矛盾的旋涡，敢于直面问题、承担压力、化解困难，用自觉担当、勇于担当的魅力成为人民群众的"主心骨"。**担当者积极自信。**担当者的特质，就是拥有积极自信的好性格。担当者往往是"开路先锋"，他们不仅承担着向导的作用，而且也是催人奋进的核心力量，是激发人们向上向善，努力奋斗的典型模范。萧伯纳说："有信心的人，可以化渺小为伟大，化平庸为神奇。"积极的心态，坚定的信心，是战胜困难和成就事业的重要力量。一个信心坚定的担当者，通常能在危急危难关头、复杂严峻时刻，保持相对平和的心态，不抛弃、不放弃，做到临危不惧、勇往直前。领导干部要主动培养积极自信的性格，主动自我加压，主动负重前行，才会具备担当的宽肩膀、成事的真本领。**担当者**

认真负责。认真才能走远，细节决定成败。担当者肩负团队的发展重任，只有用认真严谨、一丝不苟的性格约束自己，才能一步步扩大成功的局面。如果脑中没有绷住认真严谨这根弦，心存侥幸、用权任性、大而化之，必然会在阴沟里翻船。领导干部要想担当重任，就要培养自己认真细致的性格，对工作一丝不苟，对质量精益求精，对完美孜孜追求。要树立"工匠精神"，立起细节标准，精心打磨、臻于至善，于细微之处见精神，在细节之间显水平。责任心是担当者最鲜明的标志，古人说的"天下兴亡，匹夫有责"就是要扛起责任。领导干部要切实增强"责任重于泰山"的观念，将责任担当看成检验个人能力水平的"试金石"，作为约束自我、锤炼自我的"紧箍咒"，让负责融入血液，将担责化为自觉。

形成自觉担当的好习惯。习惯是人们日久养成而不易改变的生活方式。古人云："习惯之始，如蛛丝；习惯之后，如绳索。"好习惯是人生的助推器，能使人终身受益；坏习惯如同人生的枷锁，使人深受其害。担当的本质是责任感和使命感，养成自觉担当的习惯，才能担负起更大的责任，挑起更重的担子，带领群众开拓创新，促进发展。**担当在身，永不懈怠。**担当是一种责任，是一种使命，也是一种锲而不舍、坚韧不拔、不达目的不罢休的精神追求。领导干部要有意识地培养担当习惯。一是"响鼓不用重槌敲，不待扬鞭自奋蹄"。积极点燃工作激情的火种，把工作当事业、当责任、当乐趣，不厌其烦、不畏其难，任劳任怨，竭力做好每一件事。二是"甘为百姓苦自己，勤为公务累吾身"。挺身而出挑最重的担子、啃最硬的骨头，到群众中去为人民办实事办好事。三是"咬定青山不放松，立根原在破岩中"。以钉钉子的精神担当尽责，发扬坚持不懈的作风，保持永不懈怠的状态，一件事情接着一件事情办，一年接着一年干，脚踏实地把既定的行动纲领、战略目标、工作蓝图变为现实。**乐于吃苦，甘于锻炼。**习近平总书记在回忆地方工作时感慨地说："我认为认认真真地当好共产党的'官'是很辛苦的。我也没有听到哪一个称职的领导人说过当官真舒服。"领导干部常常处于矛盾、危机和压力的中心，扛着百姓期盼千钧重担，无偿加班和经常被批评是工作常态，如果一个人不能吃苦，不能受气，当"官"是一件很痛苦的事。"志不求易，事不避难"，唯有秉持自觉担当的好习惯，勇于担苦、担难、担重、担险，才能用自己的辛苦换群众的幸福。要想成为一名优秀的领导干部，就必须有意识地主动接受各种工作任务，把职业当事业，把困难当机会，以最大热情投入本职岗位，通过工作不断地磨练自己坚韧不拔、迎难而上的意志，炼就适应困难的性格，锻造严谨细致的工作作风。让工作成为实现梦想的动力之源，用一股子干劲、拼劲、闯劲，靠辛勤工作、踏实工作、创造性工作，开创美好未来，书写人生华章。领导干部只有强化担当作为的自觉，将担当精神内化于心、外化于行，以永不懈怠的精神状态和一往无前的奋斗姿态，做好知重负重的勤务员、攻坚克难的攀登者、谋事成事的实干家，才能在新时代新征程上留下许党报国、为民造福的奋斗足迹。

要为担当者担当

习近平总书记反复强调,要善于发现、培养、使用敢担当善作为的干部,着力消除妨碍干部担当作为的各种因素,让愿担当、敢担当、善担当蔚然成风。担当者是推进工作的核心力量,为担当者担当,有利于目标任务的顺利完成,有利于营造风清气正、团结干事的工作环境,有利于选拔出德才兼备的优秀干部和事业继承人。作为领导干部,不仅自己要敢于担当、乐于担当、善于担当,而且要为担当者担当,为负责者负责,为干事者撑腰。要认真打造风清气正、公道正派的干事环境,让吃苦者不吃亏,有为者有位,让敢闯肯干的优秀干部真正找到成就感、荣誉感、归属感与获得感。

爱护干部,帮担当者搭建施展舞台。有多大担当才能干多大事业,尽多大责任才会有多大成就。这个道理人人皆知。然而,为什么一些干部在风险面前畏首畏尾,在紧要关头顾虑重重?一个重要原因就在于他们可能碰到钉子时没人帮助、遭遇挫折时没人打气、遇到委屈时没人撑腰。习近平总书记指出:"要把严格管理干部和热情关心干部结合起来,既要求干部自觉履行组织赋予的各项职责,严格按照党的原则、纪律、规矩办事,不滥用权力、违纪违法,又对干部政治上激励、工作上支持、待遇上保障、心理上关怀,让广大干部安心、安身、安业,推动广大干部心情舒畅、充满信心，积极作为、敢于担当。"领导干部要关心爱护担当者，真正为他们保驾护航、撑腰打气。**上级为下级担当、组织为个人担当、干部为事业担当。**关心保护干部，激励干部担当作为，是我们党的优良传统。在我们党长期的革命、建设和改革实践中，党组织始终把激励干部担当作为摆在重要位置，选拔重用了一批又一批敢于担当的优秀干部砥砺前行、接续奋斗。当前，我们正踏上以中国式现代化全面推进强国建设、民族复兴的新征程，在前进的道路上还会遇到各种意想不到的困难和问题，这就要求不断提振广大干部的精气神，进一步激励广大干部在圆梦的道路上担当奋进、改革图强。新时代呼唤新使命，新使命需要新担当。党组织应进一步支持改革者、鼓励创新者、宽容失败者，替有为者"站好台"、给奋进者"定心丸"、送搏击者"护身符"。只有为担当者担当，敢于担当的干部才能如春草怒生；只有为负责者负责，敢于负责的干部才能如洪波涌起。**旗帜鲜明支持担当者，大胆选拔任用担当者。**习近平总书记指出："要保护作风正派、锐意进取的干部，真正把那些想干事、能干事、敢担当、善作为的优秀干部选拔到各级领导班子中来。"提高干部的担当精神，既靠干部自身历练，也靠组织的用人导向、制度设计、环境熏陶。要树立正确用人导向，把敢于担当作为选人用人的重要导向，把担当干事作为考察识别干部、评判优劣、奖惩升降的重要标准，坚持好干部标准，谁干事就支持谁、谁干成事就重用谁，旗帜鲜明为担当者担当、为负责者负责、为干事者撑腰，让更多敢于担当的干部脱颖而出。要积极营造氛围，大力宣传改革创新、干事创业的先进典型，激励广大干部见贤思齐、奋发有为，积极营造担当可贵、担当光荣的良好社会氛围。

包容失误，让担当者敢于开拓创新。干事业总是有风险的，不能期望每一项工作只成功不失败。实践证明，对创新路上的失误越包容，创新者和开拓者的动力就会越大。当担当者受到挫折、遭到冷遇、陷入困境、出现失误时，领导干部要为敢于担当的干部伸出援助之手，积极补台，当好干事创业者的坚强后盾。习近平总书记指出："要把干部在推进改革中因缺乏经验、先行先试出现的失误和错误，同明知故犯的违纪违法行为区分开来；把上级尚无明确限制的探索性试验中的失误和错误，同上级明令禁止后依然我行我素的违纪违法行为区分开来；把为推动发展的无意过失，同为谋取私利的违纪违法行为区分开来，保护那些作风正派又敢作敢为、锐意进取的干部。"领导干部的一项重要职责，就是要加强制度设计，健全干部教育培训、考核评价、责任追究、容错纠错等制度机制，提高干部担当作为的底气和勇气，对在重大事项和关键时刻放弃担当的领导干部严肃问责，为勇于干事创业的干部免除后顾之忧，营造想担当、谋担当、善担当的浓郁氛围。**建立完善容错纠错机制，为担当者保驾护航。**一心为群众办事，如果不分青红皂白被"打板子"，不仅会寒了干部的心，还会束缚他们的手脚。干部如果为了不出错而机械地搞执行、宁愿少干事，就容易贻误发展时机。建立容错机制，就是让担当者放下包袱大胆干事。基层干部在依法依规的前提下，多一些灵活处理，少一些不通情理，多一些急事急办，少一些急事缓办，受益的是地方发展和民生福祉。当然，容错不是纵容，保护不是庇护。只要广大干部在大胆地试、大胆地闯时"按规定，尽全责"，领导干部在创新者出现失误时明辨"为公"还是"为私"，分清"无心"还是"有意"，严格划分"失误、错误"与"违纪、违法"的界线，就一定能让广大担当者轻装上阵，在创新中跨越一个个"雪山""草地"，在探索中征服一个个"娄山关""腊子口"。**积极补台，化被动为主动。**补台，既是领导干部在管理实践中需要经常面对的一个问题，也是衡量领导干部是否称职合格的一条重要标准。当下属出现工作失误时，或是工作需要帮助时，身为领导干部不能袖手旁观，更不能一味地埋怨批评或是"鞭打快牛"，而是要挺身而出及时补台，把失误的影响降到最低，损失的后果减到最小。团队是一个有机整体，任何一环都不可缺失。事实充分证明，一个单位或集体中，领导干部补台意识越强，人心越凝聚、战斗力越强；相反，空位不补位，缺台不补台，则如同散沙、一击即溃。领导干部要有"功成不必在我，功成必定有我"的精神境界，少一点明哲保身，多一点"补台意识"，统筹兼顾、积极补台，在患难见真情中团结力量，最终实现协作共赢的"满园春色"。

团结和谐，为担当者营造舒心环境。家净人安，福气自来。营造风清气正的工作环境，倡导清清爽爽的同志关系，建立规规矩矩的上下级关系，有利于营造团结和谐、积极向上的工作氛围，让干事者舒心、担当者放心、创新者安心，把各项工作推进得更好。**真情交流，凝心励志汇聚强大合力。**思想是行动的先导，只有思想认识到位，才能心甘情愿的自觉担当。领导干部不仅要有以身作则、率先垂范担当精神，还要用好用活谈心谈话方法，倾注真情与干部职工相互交流。要善于把握住干部职工的思想脉搏和急需所盼，换位思考、将心比心，通过解答工作疑惑，实现从谈心到交心、从交心到齐心，凝聚起强大工作合力。要善于把担当的思想不断贯穿到对干部的交流教育中，只有让大家深刻认识到担当对工作推动起着关键性作用，对自我发展起着决定性作用时，才会激发起自觉担当、乐于担当、敢于担当的主动性，才会把思想统一到担当上来，把心思放到工作中去，聚精会神地推动工作，全心全意地破解难题，心情舒畅地完成各项任务。**激浊扬清，营造风清气正干事氛围。**习近平总书记要求："深入推进作风建设，坚持正确用人导向，真正让那些忠诚、干净、担当的干部得到褒奖和重用，让那些阳奉阴违、阿谀逢迎、弄虚作假、不干实事、会跑会要的干部没市场、受惩戒。"领导干部要树立敢担当善作为的用人导向，公道对待干部、公平评价干部、公正使用干部，不以人划线、不搞"小圈子"，不为人情关系所缚，不为歪风邪气所扰，大胆使用敢于担当、善于作为的干部。要让敢于担当的干部感受到组织上的公心、公平、公正，从内心深处敢于为事业发展担当、为深化改革冲锋陷阵。要敢于坚持原则，愿为好人说好话、敢为坏人说坏话、能为老实人说真话，让那些困难面前不退让、发展面前有办法的担当干部有市场、受重用、得实惠。**爱护干部，用心用情传递组织温度。**领导干部要关心职工，特别是基层工作员工、工作环境恶劣的员工、生活困难的员工、生病职工、驻村工作队员。对他们提出的合理要求，要想方设法给予及时解决。当干部职工家中遇到烦事难事时，要加强心理疏导，舒缓情绪和压力，并力所能及地给予真情帮助。要爱护职工身体，坚持落实健康体检机制。要组织好形式多样、生动活泼的集体文体活动，让职工感受到组织的关心关爱，不断增强职工对单位的归属感和认同感，促使大家舒心工作、真心干事、用心作为。

作风正且硬朗

　　作风是在思想、工作和生活等方面表现出来的比较稳定的态度或行为风格。作风问题贯穿干事创业的始终，是关键中的关键。好的作风出战斗力、出凝聚力，差的作风就会造成工作软弱涣散，耽误发展。习近平总书记指出："干部作风是人民群众观察评价党风的晴雨表。"作风问题本质上是党性问题，优良作风是赢得民心的重要保证。只有作风过硬，才能使理论武装彰显出强大的实践力量，才能使素质能力确保正确的外化方向。新时代的领导干部必须带头弘扬和传承党的优良作风，永葆党的先进性、纯洁性，为党和人民事业发展提供重要保证。

人总是要有一点精神的

　　所谓"精神",是人的意识、思维活动和一般心理状态。毛泽东同志说过:"人总是要有一点精神的。"人无精神则不立,国无精神则不强。迈进新时代、逐梦新征程,以中国式现代化全面推进强国建设、民族复兴伟业,我们不仅要在物质上强大起来,也要在精神上强大起来。领导干部作为党和国家事业的"关键少数",必须传承好红色基因,赓续精神命脉,挺起精神脊梁,守好共产党人的精神家园,以新担当新作为书写时代精神新篇章。

　　精神虽然无形,但精神的力量无穷。 精神是一种理念,更是一种力量。精神力量引领人昂扬向上,感召人发愤图强,激励人勇毅前行,蕴藏着创造历史的澎湃势能。初心如磐,道阻且长。只有理想不灭、信仰不倒、精神不垮,才能经得起风浪,抵得住诱惑,担得起责任。**党无精神不振,国无精神不强,人无精神不立。** 一个政党如果没有一种历史担当和时代精神,没有以国家民族为重的使命感,没有敢于斗争、敢于胜利的激情,没有追求民族独立、国家富强、担当大任的自信,就会人心涣散、政党分裂、精神懈怠、事业衰败,政党也就失去了存在的价值和应有的意义。只有具有伟大精神的政党,才能领导人民赢得伟大斗争、开创伟大事业。一个国家如果没独立自主、自力更生的精神,没有一种"赶英超美"的激情,没有"对于人类应有较大的贡献"的自信,就不能自强自立，更不用说发展、壮大、崛起。一个民族如果没有自强不息、坚韧不拔的精神，没有追求民族进步与发展的使命感，没有为民族而不断奋斗的激情，没有民族自信心和自豪感，就会失去进取心、成为一盘散沙、失去脊梁骨，就难以自立于世界民族之林。一个人如果没有不懈奋斗、昂扬向上的精神，没有"天降大任于斯人""舍我其谁"的使命感，没有"仰天大笑出门去，我辈岂是蓬蒿人"的激情，没有"自信人生二百年，会当水击三千里"的自信，那么就会精神萎靡、不思进取、一事无成、徒耗生命，生命也就失去了存在的价值和应有的意义。一个人只有拥有精神力量，才能昂扬屹立，不断绽放人生光彩。**天地日月星，人活精气神。**精气神是一个人的丰富情感、坚强意志、高尚灵魂和人格魅力的集中体现。对领导干部来说，精气神折射出的是政治信仰、品格修养、人生态度，反映的是共产党员的世界观、人生观、价值观。领导干部要把精神力量体现在坚定信仰上、一心为民上、勇于担当上、干事创业上，以永不懈怠的精神状态和一往无前的奋斗姿态，在攻坚克难中追求卓越，在创新创造中引领潮流，奋力把各项事业不断推向前进。

干事创业，精气神最宝贵；战胜困难，信心态度最关键。一个人的精气神直接影响到工作的质量和成效，甚至关乎事业的兴衰成败。积极的心态、坚定的信心是战胜一切困难的力量之源。新时代新征程，领导干部要激发好状态、提振精气神，以最佳状态、最实举措、最硬作风，最大限度发挥主观能动性，以只争朝夕、竭尽全力的状态用创造、用奋斗书写新时代的精彩篇章。**焕发干事创业精气神。**一个人的精气神关乎形象气度，关乎事业成败。胜负之征，精神先见。精神所在，就是血脉所在、力量所在，就是活力所在、信心所在。进入新时代，改革之路荆棘遍布、阻力重重、任务繁重，最不可或缺的就是昂扬向上的"精气神"。只有具备攻坚克难之信念、锐意进取之勇气、百折不挠之斗志、真抓实干之执着，切实担当起职责使命，才能以强烈的政治责任感和历史使命感，把干事创业的精气神焕发出来、提振起来，当好新时代答卷人。**自信是成功的阶梯。**自信是对自己能力肯定的外在表现，也是通往成功的必备条件。战胜一切困难的前提，就是不放弃对自我能力的信任，用乐观的态度去迎接并战胜各种挑战。尤其是领导干部，只有不断增强自信心，敢于正视困难，在困难和挑战面前，拿出敢打硬仗、敢啃硬骨头的魄力和勇气，迎难而上，寻求突破，才能传递和释放正能量，用信心激发潜能，将"不可能"转化为"有可能"。**心态好则一切都好。**态度决定一切，也是衡量一个人能否取得成功的重要标准。无论做什么事，态度十分重要。能力再强的人，如果态度不好，对待工作、对待他人敷衍了事、安于现状，那于人、于事、于己都不好。有了好的态度不能保证一定成功，但成功者一定要具有积极向上的态度。当官一阵子，做人一辈子。从政为官不可能时时事事都顺顺畅畅，只有时刻保持良好的态度，坦然面对，积极作为，才能战胜困难，化压力为动力，不负人民重托，出色完成各项任务。

精神爽奋则百事俱兴，肢体怠弛则百兴俱废。习近平在《之江新语》中指出："良好的精神状态，是做好一切工作的重要前提。"**凡事勤则成，怠则废。**惰不仅指身体的懒惰，还指精神上的懒惰。勤奋工作是成功的铺路石。奋斗精神就是吃苦受累、敢闯敢试的精神，就是胜不骄败不馁、愈挫愈奋的精神，就是无惧无畏、勇往直前的精神。没有奋斗精神的人生，如同缺乏生机的原野；没有奋斗精神的事业，就像失去引擎的航船。领导干部如果安于现状、不思进取，懈怠成习、得过且过，不仅蹉跎岁月、碌碌无为，还会贻误党和人民的事业，损害人民群众利益。只有坚持以勤为本，始终保持昂扬向上的精神状态、锐意进取的干事激情、拼搏奉献的顽强意志，勇于负重，大胆担责，勤政廉政，才能无愧于人民公仆这个称号。**士气可鼓不可泄。**行军作战中，只能鼓舞战斗意志，不可使士兵情绪低落。稳定军心，方能百战百胜。图垂成之功者，如挽上滩之舟，停一棹则退千寻。当前，我们正在以高质量发展全面推进中国式现代化，百尺竿头须更进一步。领导干部肩上任务更加繁重，挑战更加严峻，还有很多险滩要涉、难关要闯、陡坡要爬、大坎要过，必须咬紧牙关，振奋精神，顺时代大潮，乘破竹之势，铿锵前行。**始终保持干事创业的旺盛激情。**对工作有激情，就会把工作当事业。领导干部要在其位、谋其政、尽其责、干其事，保持对工作的激情，发挥最大潜能和主观能动性，把对党和人民的深厚感情转化为热忱工作的强大动力，将为人民群众谋福利作为回报组织、回报社会、实现人生价值的最好体现，自觉做到在岗一分钟、战斗六十秒，干一行、爱一行、专一行，在热爱中增长才干、创造业绩。栉风沐雨方得春华秋实。波澜壮阔的中国发展史告诉我们，前进征途上的每一次胜利，哪怕极为微小，也要通过奋斗来争取。领导干部要以坐不得、慢不得、等不得的紧迫感、责任感，追求梦想孜孜不倦、干事创业跨山越海，说了就算，定了就干，干就干好，勇于做新时代的坚定者、奋进者、搏击者。

赓续红色血脉，坚守共产党人的精神家园。精神家园是一个人在文化认同基础上产生的精神寄托和归宿，是"一个让人有深刻归属感的地方"。共产党人的精神家园是共产党人在长期奋斗过程中形成的心理、情感和精神的统一，是共产党人的精神支柱和前进动力的不竭源泉。精神家园是灵魂的栖息地和加油站，每个人都应有自己的精神家园，否则，就会导致人生空虚、无聊、不安，如行尸走肉。党员干部作为中国工人阶级、中国人民和中华民族的先锋队成员，更是必须理直气壮地坚守共产党人的精神家园。**继承发扬伟大建党精神和党的精神谱系。**习近平总书记说："不忘初心，方得始终。"党的革命精神、党的历史就是共产党人的精神家园。在革命斗争中，我们党形成了"坚持真理、坚守理想，践行初心、担当使命，不怕牺牲、英勇斗争，对党忠诚、不负人民"的伟大建党精神，这是中国共产党的精神之源。建党一百多年来，中国共产党弘扬伟大建党精神，在长期奋斗中构建起中国共产党人的精神谱系，锤炼出鲜明的政治品格，形成了党的光荣传统。李大钊说过："历史的道路，不全是坦平的，有时走到艰难险阻的境界。这是全靠雄健的精神才能冲过去的。"中国共产党人的精神谱系包括井冈山精神、长征精神、遵义会议精神、延安精神、西柏坡精神、红岩精神、抗美援朝精神、"两弹一星"精神、特区精神、抗洪精神、抗震救灾精神、抗疫精神等伟大精神。我们党之所以历经百年而风华正茂、饱经磨难而生生不息，就是凭着一股革命加拼命的强大精神。党的伟大精神永远是党和国家的宝贵精神财富，是激励我们奋勇前进的强大精神动力。**始终保持昂扬向上、奋发有为的精气神。**领导干部要用党在百年奋斗中形成的伟大精神滋养自己、激励自己，加强党的创新理论学习，传承红色基因，赓续红色血脉，守好共产党人的精神家园，不忘初心、牢记使命，以昂扬的精神状态做好党和国家各项工作，以新担当新作为书写时代精神新篇章。

当干部必须在状态

"在状态"是领导干部干事创业的基本前提,也是领导干部履职尽责、担当作为的形象展示。习近平总书记指出:"新征程上,我们要始终保持昂扬奋进的精神状态。"有好精神、好状态,才有好形象、好姿态,才能适应新时代、提升新境界、迎接新挑战。领导干部是推动新时代伟大事业稳步发展的领路人,是改革的先锋、发展的"头雁",更要保持阳光的心态、实干的步态、奋发的姿态、进取的神态,以良好的精神状态来激发工作热情、焕发自身潜能、树立先进榜样、推进事业发展。

始终保持实事求是、求真务实的实干状态。人生没有假设出来的精彩,只有靠实干拼出来的未来。领导干部要保持实事求是、求真务实的实干状态,牢记"空谈误国、实干兴邦"的道理,自觉做到"干"字当头、"实"字打底,以务实的人生态度,以实干的敬业精神,脚踏实地、真抓实干,敢于担当责任,勇于直面矛盾,善于解决问题,抓好该抓的事,干好该干的事,不负党和人民的期盼。**不驰于空想,不骛于虚声。**巧诈不如拙诚,求真务实就是要做事"务实",从实际出发谋划事业和工作,使点子、政策、方案符合实际情况、符合客观规律、符合科学精神,不好高骛远,不脱离实际,脚踏实地、真抓实干,敢于担当责任,勇于直面矛盾,善于解决问题,努力创造经得起实践、人民、历史检验的实绩。习近平在《之江新语》中强调："领导干部要想真正在群众心目中留下一点'影'、留下一点'声'、留下一点印象，就要精心谋事、潜心干事，努力为人民多作贡献，绝不能靠作秀、取宠、讨巧，博取一些廉价的掌声。"领导干部要树立正确的政绩观，端正"官念"，淡化"官欲"，甘当"铺路石"，树立"功成不必在我"的理念和境界，多做打基础、管根本、利长远的事，真正把好事办好、把实事办实。要潜心实干，做一名潜心静气、专心致志、埋头苦干的实干家，把干实事当作"磨刀石"，把干成事当作"试金石"，把心思用到干工作上，把劲头用到抓落实上，以肯干提升境界，以敢干展示气魄，以实干实现价值。**千条万条，不落实等于白条**。习近平强调："抓好落实，我们的事业就能充满生机；不抓落实，再好的蓝图也是空中楼阁。""落实"二字，"落"强调的是执行，"实"强调的是结果。再远大的规划、再科学的筹划，若不能落地落实，就只能永远留在纸上、喊在口上、停在想上。领导之要贵在落实。千招万招，不抓落实就是虚招；千忙万忙，不抓落实就是瞎忙。做领导工作，如果只闻"楼梯响"、不见"人下来"，看似红红火火、热热闹闹，实则毫无进展，结果往往是在一片"落实声"中"落了空"，群众更不能得到实惠。领导干部要做到落实必抓，当好"施工队长"，既带头抓、又扑下身子具体抓，努力打通政策落实的"最后一公里"。要做到抓必抓紧，以"坐不住""等不起""慢不得"的危机感和紧迫感，快马加鞭、狠抓落实，绝不能紧一阵松一阵。要做到抓必抓好，树立效果意识，坚持以"过得硬"为目标，不要"差不多"，而要追求"最完美"，争创一流，努力提高抓落实的质量。

始终保持一往无前、攻坚克难的奋斗状态。习近平总书记强调："幸福是奋斗出来的。"一切伟大成就都是接续奋斗的结果，一切伟大事业都是在继往开来中奋力推进的。领导干部要保持一往无前、攻坚克难的奋斗状态，强化勇往直前的昂扬之气和舍我其谁的无敌斗志，敢闯敢试、敢为人先，迎风破浪、披荆斩棘，敢于直面艰难困苦、敢于投身大风大浪、敢于应对风险挑战，不被任何困难所吓倒，努力以党员干部艰苦奋斗，赢来百姓幸福安康。**崇尚奋斗是中华民族固有的精神基因。**习近平总书记强调："中国人民是具有伟大奋斗精神的人民。"中华民族是奋斗自强的民族。一个国家的繁荣离不开人民的奋斗；一个民族的强盛，离不开精神的支撑。几千年来，中华民族从斗争实践中懂得了"幸福不会从天降""天上不会掉馅饼"，社会要发展、人民要幸福、民族要振兴，必须依靠英勇奋斗来实现。古往今来的无数事例证明，能否取得事业的成功，除了客观偶然因素外，更多在于主观必然因素，说到底就是有没有丢失奋斗精神、丧失奋斗状态。历史只会眷顾清醒者、坚定者、奋进者、搏击者，而不会等待迷失者、犹豫者、懈怠者、畏难者。领导干部必须更加自觉地从中华优秀传统文化中汲取智慧和力量，撸起袖子加油干，勇于在艰苦奋斗中净化灵魂、磨砺意志、坚定信念，热情拥抱新时代，奋力开创新局面。**艰难困苦，玉汝于成。**艰苦奋斗是我们党的优良传统和政治本色，是我们战胜敌人，克服前进道路上一切艰难困苦的有力武器，既是党的创造力、战斗力、凝聚力的重要体现。也是靠艰苦奋斗发展壮大、成就伟业的。困难给人带来痛苦，也砥砺人的进步。工作在攻坚克难中推进，成绩在攻坚克难中创造，能力在攻坚克难中提升，威信在攻坚克难中树立，每破解一个难题，能力和素质就提升一个层次，境界和格局就有新的拓展。领导干部只有经过急难险重任务的考验和大事难事的历练,当过几回"热锅上的蚂蚁",才能不断提高攻坚克难的能力和素质。**人民对美好生活的向往,就是我们的奋斗目标**。中国共产党是为中国人民谋幸福的政党,也是为人类进步事业而奋斗的政党。作为领导干部,必须永葆对人民的赤子之心,牢记共产党人的初心使命,始终保持昂扬斗志和奋斗精神,始终把人民群众作为最大的力量源泉,始终把人民群众放在心中最高位置,切实实现好、维护好、发展好最广大人民的根本利益,让广大人民群众更好地共享改革发展成果,始终为实现人民对美好生活的向往而努力奋斗。

始终保持履职尽责、勇于担当的进取状态。"天下兴亡,匹夫有责""在其位,谋其政;行其权,尽其责",无不诠释了保持责任担当状态的重要性。领导干部要保持履职尽责、勇于担当的进取状态,始终把责任扛在肩上,落到实处,始终蓬勃向上、斗志昂扬,扛得住重担、打得了硬仗、经得住磨难,为党和人民事业义无反顾、勇往直前,夺取胜利。**有岗必有责,有责必担当**。人们常说:"顺境逆境看襟怀,大事难事看担当。"领导干部一旦走上了"岗位",就意味着责任在肩,就要牢固树立责任意识,保持担当作为的状态。对于需要担当的"责任"和应承担的"责任",创造条件、迎着风险也要干好,真正践行和坚持担当精神。**责任担当要化于行**。我们说"责任胜于能力"。每个人的能力大小不一,但最难能可贵的是有一颗强烈的责任担当之心。从事党和人民的事业,领导干部更要增强"责任重于泰山"的观念,敬畏责任、崇尚担当,摒弃投机取巧、玩心眼儿、耍小聪明的错误思想,要将责任担当看成检验个人能力水平的"试金石",把责任担当作为约束自我、锤炼自我,增强政治定力、规矩定力的"紧箍咒",

切实将责任担当落实到行动上、体现在工作成效中。**不担当就不配当干部**。一名领导干部职业生涯的终极价值，就取决于他是否履行了自己作为领导干部的责任担当。习近平曾指出："看一个领导干部，很重要的是看有没有责任感，有没有担当精神。"党章对党员干部作出明确规定："党的干部是党的事业的骨干，是人民的公仆，要做到忠诚干净担当""党的各级领导干部必须信念坚定、为民服务、勤政务实、敢于担当、清正廉洁。"担当是每一名共产党人必须具备的基本素质，也是我们党对领导干部提出的政治要求。如果只想当官不想干事、只想揽权不想担责、只想出彩不想出力，就不配也没有资格做领导干部。**勇于大担当才能有大作为**。习近平总书记指出："担当大小，体现着干部的胸怀、勇气、格调，有多大担当才能干多大事业。"狭路相逢勇者胜。领导干部有担当的勇气，就是在难题面前敢闯敢试，敢为人先；在矛盾面前敢抓敢管，敢于碰硬；在风险面前敢作敢为，敢担责任。勇气来自坚定的理想信念、扎实的工作作风和严格的廉洁自律。党员干部必须坚定理想信念，常给担当大事业补足思想之钙；不断改进工作作风，常给担当大事业增添行动之力；不断强化纪律意识，常为担当大事业把稳前进之舵。要勇于破障闯关、敢于破旧立新、善于破解难题，少说多干、真抓实干、埋头苦干，以更加奋发有为的精神状态履职尽责，一步一个脚印地把中国式现代化伟大事业推向前进。

作风硬朗才能攻坚克难

在工作和生活中，作风硬朗是指一个人或组织在工作中展现出果断、坚决、雷厉风行的态度和行动。"讲问题不讲成绩、讲主观不讲客观、讲自己不讲别人"是硬朗的作风，苦干、实干、拼命干是硬朗的作风，敢于碰硬、勇于担当、善于作为是硬朗的作风。硬朗的作风是快速推动工作最行之有效的手段，是攻坚克难最有效的武器。

锤炼个人硬朗作风，坚定攻坚克难意志。作风就是形象、作风就是生命。作风是一个人精神、理念、心态的综合反映，体现着个人形象，决定着人生事业。领导干部要加强个人作风建设，在攻坚克难中培养永不放弃的坚定意志，提升努力奋斗的精气神，坚持永不懈怠的人生理念，增强不断发展的信心。**要有坚韧不拔的意志。**苏轼在《晁错论》中讲："古之立大事者，不惟有超世之才，亦必有坚忍不拔之志。"只有拥有坚定的意志，我们才能克服困难，矢志不渝、永不言弃，最终取得胜利。1927年10月，南昌起义部队在广东潮汕地区遭到重大失利，2万余人的部队只剩下800人，部队面临顷刻瓦解、一哄而散之势，这时只有朱德在江西省天心圩镇挺身而出，凝聚部队上井冈山与毛泽东带领的队伍会师，之后南征北战，最终取得了革命的成功。毛泽东对朱德的评价是"度量大如海，意志坚如钢"。领导干部面对困难，一定要意志坚定、乐观积极，在实践中把意志变成斗志、把经历变成经验、把阅历变成能力，形成积极坚定的世界观、人生观和信仰信念。**要有敢于吃苦的精神。**好运不会从天而降，机会从来都是留给认真付出的人。"七一勋章"获得者、"当代愚公"黄大发，带领村民历时 36 年，在悬崖绝壁上开凿出一条主渠长 7200 米、支渠长 2200 米的"生命渠"，用实干兑现"水过不去、拿命来铺"的誓言，为实现脱贫致富作出突出贡献。只有不畏惧不放弃，自强不息，苦干实干，才能关关难过关关过，事事难为事事为。新时代是奋斗者的时代，领导干部要努力在"苦"中磨练钢铁意志、汲取精神力量、干出一番业绩，挺直顶风冒雨的钢铁脊梁，锻造永不懈怠的奋斗意志。**要有永不懈怠的恒心。**领导干部如果得过且过，不但自己毫无成就，还会带坏一批干部，贻误一方发展。抱着消极无为的人生态度，就会导致上进心缺失，或者在困难和挫折面前悲观颓废、畏难退缩，最终一事无成。风华正茂日，正当奋进时。习近平总书记指出："时间属于奋进者！历史属于奋进者！"要珍惜韶华、奋发有为，勇做走在时代前面的奋进者、开拓者、奉献者。新时代是担当者、奋斗者的时代，唯担当者兴，唯奋进者胜。领导干部必须自觉地把自强不息、永不懈怠作为一种必备的责任、追求和境界，昂扬斗志、不畏艰难、勇攀高峰，当好新时代的开拓者、奋进者。

培养团队硬朗作风，凝聚攻坚克难力量。作风就是精气神、作风就是战斗力。我们党从革命战争年代一路走来，历经百年峥嵘岁月，遇到过各种困难挑战，之所以能够带领全国各族人民涉险滩渡难关，很关键的一点就是充分发挥了党支部的战斗堡垒作用，五指凝成铁拳攻坚克难，不管面对的是敌人的飞机大炮，还是前无古人的改革开放，都能攻无不克、战无不胜，杀出一条血路，闯出一番新天地。**点燃团队激情，主动迎难而上。**习近平强调，领导干部"首先是自己要始终充满激情、充满干劲，这样去干事业，才能更加主动、更加自觉"。作为干事创业的团队，要激情迸发，保持一股冲天之气，矢志不渝、敢于担当、敢闯敢试，不畏惧艰难、不惧怕险阻。要激情澎湃，始终保持高昂的斗志，以饱满的热情对待工作，通力合作、用心投入，珍惜每一天，走好每一步，做好每件事，撸起袖子加油干，用奋斗之力开创未来。**团结才能奋进，互助才有力量。**习近平指出："懂团结是真聪明，会团结是真本领。团结出凝聚力，出战斗力，出新的生产力，也出干部。"力量生于团结，事业成于和睦。太平天国最辉煌时占领了半壁江山，但就是因为领导集团内部离心离德，直接导致天京变乱，政权覆灭。领导干部要深刻汲取历史教训，少打"小算盘"，少搞"小九九"，坚决抵制勾心斗角、相互攻击，克服貌合神离、各自为政，避免一盘散沙、四分五裂，减少团队内耗。团队如一个手掌，摊开是多个指头，握紧是一个拳头。一个指头劲再大，其他指头如果不用力，也难以体现出拳头的合力。团队成员同坐一条船，一荣俱荣、一损俱损。每个人应自觉把个人融入集体之中，摆正自身位置，凝聚干事成事的磅礴力量。帮助别人就是成全自己。要多补台，把姿态放低一点，不为同志间分歧"争面子"，不为个人得失"伤脑子"，弘扬团结互助的精神，在团队"一盘棋"中顾全大局，通力合作。**拒绝拖延懈怠，工作只争朝夕。**拖延是扼杀成功的毒药，人一拖延，就会离成功越来越远。对于团队，更要树立强烈的时间观念和效率意识，在保证质量、不降标准的前提下，提倡立即做、马上办，能快则快，努力做到今日事今日毕，"不教一日闲过"。要全面增强执行力，彻底根除"拖延症"，按照习近平总书记的要求，大力提倡"马上就办"的工作精神，讲求工作时效，提高办事效率。要树立提前准备的意识。对于一些程序性常规性工作，要抢抓一个"早"字，体现一个"快"字，充分利用工作空挡提前准备抓紧干，以慢不得、等不得、拖不起的紧迫观念，以时不我待、只争朝夕的精神认真准备，避免临时临为的慌乱和被动。

领导带头，万事不愁；攻坚克难，首看标杆。率先垂范、以上率下是我党的优良作风。火车跑得快，全靠车头带；作风好不好，关键看领导。落实中央战略决策和部署，如果"关键少数"只会空喊口号，再美好的蓝图也必然是"空转"。领导干部这个"关键少数"要在作风建设、干事创业中先行动、作表率，形成一级带一级、层层抓落实的工作格局，以良好作风推动一方发展。**以过硬的作风营造好环境。**没有过硬的作风，再好的蓝图也会成为泡影，再好的机遇也会失之交臂。《旧唐书》云："上行下效，淫俗将成，败国乱人，实由兹起。"领导干部有了好作风，才站得住脚，才挺得起腰，才能像一面面高高飘扬的旗帜，说话做事才能让人心服口服，有说服力、号召力、影响力。新时代的领导干部，一定要从自身做起，发挥先锋模范作用，坚持"干"字当头，克服"等、靠、要"的惯性思维和"怕、僵、满、木、私、浮"的懈怠情绪，拿出一股勇于担当、奋发有为的劲头来，敢于同强的比、向高的攀、与勇的争、跟快的赛，以"狭路相逢勇者胜"的气魄，让好作风更好发挥"水波效应"，实现一级一级传递、一个一个影响，拧成一股绳，心往一处想、劲往一处使，最终形成推动党和国家事业扬帆远航的不竭动力。**以过硬的作风干出新业**

绩。领导干部作风不过关、不过硬，党风政风就不可能好，歪风邪气一旦聚集成风，就会给党和国家的事业带来巨大危害。邓小平曾经回顾我们党的风雨历程，这样感慨："为什么过去很困难的局面我们都能度过？根本的问题是我们的干部、党员同人民群众一块苦。"当前，为什么一些地方工作推动有力，发展步伐坚实，而有的地方工作总推不开，发展步子迈不出？一个重要的原因就在于干部的作风不过硬，精气神不足、求真务实不够、真抓实干不够。无论你表现得多努力多辛苦，结果不会陪你演戏，只有实干才有实效，这是亘古不变的真理，也是从事领导工作必须坚持的原则。搞形式主义、官僚主义，做伪事虚功，是作风不实和低能、无能的表现。实干精神、实干能力和实干效果，最终要靠人民和历史来检验。攻坚克难，实践实干实效最重要。领导干部只有发挥表率作用，带动干部群众，以干实事、见实效的真功夫，坚定不移地干、大胆创新地干、久久为功地干，才能展示新形象、体现新作为、创造新辉煌。

作风是一种综合能力

综合能力是指面对问题时，能够综合考虑各方面的因素，找到最佳解决方案的能力。而作风是人们在工作、学习和生活中表现出来的稳定的态度和行为。"风成于上，俗形于下"，作风是能力的综合体现。我们党在长期的革命中，形成了理论联系实际、密切联系群众、批评与自我批评三大优良作风，并依靠"三大作风"战胜重重困难，锻造出一支敢打恶仗、善打难仗、能打胜仗的革命队伍。今天，奋进新征程、建功新时代，领导干部更需要继承和弘扬"三大作风"，以好作风推动自身综合能力不断提高。

善于学习、求真务实，做作风扎实的好干部。"参天之木，必有其根；怀山之水，必有其源。"领导干部如果不端正学风，不重视自我修炼，作风飘浮、脱离实际，提升个人的综合能力就成了无源之水、无本之木，就克服不了"本领恐慌"。**作风之要，首在学风。**学习能力是一个人的核心竞争能力。"天下未有不学而成者。"坚持学习是人与人拉开差距的重要因素，只有养成重视学习、善于学习的习惯，才能及时总结经验、深刻揭示规律、科学预见未来；才能科学正确决策、不折不扣抓好落实，取得卓有成效的业绩。作为领导干部，要树立忠诚信仰的崇高追求来自学习，百折不挠的奋斗精神来自学习，创新求变的胆识勇气来自学习，舍我其谁的责任担当来自学习的理念，把学习作为一种政治责任、一种精神追求、一种健康的生活方式，先学一步、学深一层，挤时间学、下功夫学，以学铸魂、以学增智、以学正风、以学促干。领导干部要自觉接受马克思主义哲学智慧的滋养，学懂弄通做实习近平新时代中国特色社会主义思想，提高政治理论素养，运用历史唯物主义和辩证唯物主义的立场、观点和方法来观察和解决问题。要做到博闻多知，通过学习进一步掌握政策业务和领导科学，不断增强研判决断能力，使各项工作更好地体现时代性、把握规律性、富于创造性。**求真务实，脚踏实地。**"求真"就是在实践中发现事物的本质和规律，做到实事求是；"务实"就是用符合本质和规律的认识来指导实践，做到真抓实干。求真务实是共产党人的重要思想方法和工作方法，是贯彻党的思想路线的基本要求。古人云："不受虚言，不听浮术，不采华名，不兴伪事。"领导干部要自觉锤炼不唯书、不唯上、只唯实的求真作风。要始终坚持真理，尊重常识，脚踏实地，真抓实干，敢于担当责任，勇于直面矛盾，善于解决问题。要把调查研究事实真相作为谋事之基、成事之道，真正摸清楚本地区本部门本单位的实际情况，始终实事求是地研究现实存在的问题，科学准确地把握问题的性质及症结，从事物的本质出发去思考和解决问题，不拘泥于既有经验、理论等条条框框的限制和束缚，努力创造经得起实践、人民、历史检验的实绩。习近平总书记多次强调："做老实人、说老实话、干老实事，襟怀坦白，公道正派。"讲实话、办实事是为人之本，更是党实事求是的思想路线最本质的要求和最朴素的表达。领导干部要自觉锤炼老老实实、扎扎实实、踏踏实实的务实作风。不图虚名、不做虚功，行实事、求实效，敢于直面困难挑战，在关键时刻和危急关头豁得出来、顶得上去，经得住考验，以雷厉风行、不抓则已抓则必成的务实作风作出实实在在的业绩。

依靠人民、服务人民，做作风亲民的好干部。习近平总书记指出："江山就是人民，人民就是江山""我们必须把人民利益放在第一位，任何时候任何情况下，与人民群众同呼吸共命运的立场不能变，全心全意为人民服务的宗旨不能忘，坚信群众是真正英雄的历史唯物主义观点不能丢。"人民群众就是我们的根，离开了这个根，我们永远长不高、开不了花、结不了果。领导干部必须坚定全心全意为人民服务的宗旨，以为人民服务为己任，察人民群众之苦，解人民群众之忧，始终坚持为人民群众办实事、办好事，坚决不做有损人民群众利益的事情。**依靠人民，无往不胜。**依靠人民是社会主义制度的本质要求，是新时代党的使命宗旨的内在动力，是推进全面深化改革的动力源泉，是构建和谐社会的基石，是我们党的一贯主张和优良传统。领导干部要不断强化为人民服务的工作作风，坚持人民主体地位，保障人民合法权益，不断实现好、维护好、发展好最广大人民的根本利益。要在思想上真正把人民放在心中最高位置，只有依靠人民，才能赢得人民的拥护和支持，才能激发人民群众的积极性和创造力，化解社会矛盾和冲突。党的力量源泉来自人民，作为党员领导干部，一定要警钟长鸣，时刻提醒自己不能高高在上脱离群众。要放下身段虚心向人民学习，汲取人民智慧，拜人民群众为师，在工作中切实做到问政于民、问需于民、问计于民。通过做群众工作，深入了解和感受人民的需求诉求，不断满足人民日益增长的美好生活需要。与人民建立深厚的情感纽带，始终站在人民立场上实现好、维护好、发展好人民利益。**植根人民，服务人民。**水能载舟，亦能覆舟。人民是社会的主人，是历史的创造者，是推动社会发展的决定力量。中国共产党来自人民，植根于人民，代表着广大人民的最根本利益，服务人民是中国共产党的基本要求，也是党的全部工作的出发点和落脚点。党的初心使命是为中国人民谋幸福、为中华民族谋复兴。这个初心使命要求党必须始终把人民放在心中最高位置，以人民为中心，把人民对美好生活的向往作为奋斗目标，不断满足人民日益增长的美好生活需要。服务人民也是党的根本工作路线和群众路线的体现。群众路线是党的根本工作路线，即一切为了群众，一切依靠群众，从群众中来，到群众中去。领导干部要始终坚持人民至上的原则，把人民利益放在首位，倾听人民呼声，反映人民意愿，保障和改善民生，不断增强人民群众的获得感、幸福感、安全感，在服务人民中创造价值、体现价值。

敢于批评、接受批评，做作风民主的好干部。批评与自我批评是党内思想斗争的锐利武器，也是领导干部管好自己的有效方法。正所谓"金无足赤、人无完人"，普通老百姓也好，领导干部也罢，都会有缺点，都有可能犯错误，这并不可怕，可怕的是不知道自己的缺点在哪儿、错误在哪儿。诚恳的批评是提醒、是警示、是良药，是对工作、对自己、对同志的关爱和负责，可以帮助我们走出"知人易、自知难"的困境，找问题、知不足、明差距，及时改进、不断进步。**要勇于直率开展批评。**忠言逆耳，良药苦口。相互之间提出诚恳的批评，体现了对自己负责、对别人负责、对事业负责，体现了真正的同志关系，是友爱的厚礼。领导干部要敢讲带"刺"的话，如果遇到矛盾不敢说，看到问题不想说，搞无原则的一团和气，就会耽误同志、贻误事业。要以诚恳的态度、善意的动机，以对事业负责、对同志负责的责任感，咬耳扯袖，提醒警醒，把问题消灭在萌芽状态。同时，批评也要注意场合，讲究方式方法，把握好度，做到动机与效果和谐统一。

要善于接受别人批评。 毛泽东说："因为我们是为人民服务的，所以，我们如果有缺点，就不怕别人批评指出。"现实生活中，批评比赞扬难开口，批评也比赞扬难接受。如果缺乏闻过而喜的胸襟，没有知过不讳的勇气，甚至讳疾忌医，就会听不到真话、实话。领导干部要正确对待批评，把其当作对自己的鞭策和警醒，时时对照，不断改进工作，完善自身。要广开言路听八方之言，既听顺耳之语，也听逆耳之言，有承受的胸怀，有改进的决心，对批评有则改之无则加勉。**要时时勤于三省吾身。** 习近平总书记指出，领导干部要"在倾听人民呼声、虚心接受人民监督中自觉进行自我反省、自我批评、自我教育"。自省并非自我否定，也不是妄自菲薄，而是一种自我负责、积极进取的人生态度。人非圣贤孰能无过，人与人之间的最大差距不在于是否犯错，而在于犯错后的不同态度。领导干部在党性修养上应有"响鼓不用重锤敲"的自觉性。要经常警示自己，不断反省自己，严格要求自己。在前进道路上不断改正自己的缺点，才能持续进步，全面提高自身的综合能力。

具有好的作风才能筑牢自律底线

习近平总书记强调："领导干部特别是高级干部必须加强自律、慎独慎微。"自律是一个人最好的修炼，是在没有外人监督的情况下自觉地遵循法纪、自我约束。自律的底线代表着一个人在追求个人目标、管理自我时，不能跨越的最低界限，它要求我们在面对各种诱惑和挑战时，始终坚守自己的原则，不做违背自己良知和道德标准的事情。作风源于习惯，是一种长期养成的自觉，一个人的好作风往往代表着持之以恒的道德坚守，严于律己的生活态度，积极向上的精神状态。对于领导干部来说，更要用好的作风正心修身，筑牢自律的底线，从而赢得人民群众的信任，真正承载起时代重任和历史使命。

以清正廉洁的作风夯实自律基础。清正廉洁是领导干部为官从政的根本要求、一以贯之的道德底线，也是领导能力最核心的内容。身为领导干部如果不具备管好、管住自己的能力，做不到清正廉洁，纵然其他能力再强、本事再大，也只会给党和人民事业带来更大的危害。**永葆清正廉洁的政治本色。**清正廉洁具有强大的号召力、感召力和凝聚力，本身就是领导干部良好作风的重要组成部分。习近平总书记强调，为政清廉才能取信于民，秉公用权才能赢得人心。领导干部肩负畅一方政令、领一方风气、聚一方人心的使命和责任，只有管好自己，始终做到清正廉洁，才能至廉而威、至公而信、至严而范。如果自我约束不严、放任自身腐败，就会严重破坏党和政府的形象，就会失去党心民心，损害党的事业发展。对于领导干部来说，工作能力有强弱之别是客观存在的，也是正常的，但是清正廉洁是最根本、最重要的要求，也是底线。**能干事干成事不出事，才是真本事。**习近平总书记强调，领导干部要"自身正、自身净、自身硬""确保既想干事、能干事，又干成事、不出事"。如果做不到清正廉洁，必定要出事，绝不可能干成事。领导干部要做到"一身正气、两袖清风"，自觉涵养正气，光明磊落、正大光明，始终堂堂正正做人、公公正正处事，努力做到思想纯洁、处事公道、明礼诚信、作风正派，坚决抵制歪风邪气。要做到"高风亮节、纤尘不染"，正确处理公私、义利、是非、情法、亲清、俭奢、苦乐、得失的关系，立身不忘做人之本、为政不移公仆之心、用权不谋一己之利，始终清清白白做人、干干净净做事。要做到坚持原则、守住底线，为官一任、造福一方，履职尽职、尽心尽责，加强自我修炼、自我约束、自我塑造，无论在什么情况下都要旗帜鲜明，按党性原则办事，真正无愧于党、无愧于民、无愧于心。**不忘初心，牢记使命，永不变色。**清正廉洁是为政的底线，任何时候都不能有丝毫松懈。"战斗英雄""人民功臣"张富清，对自己甘守清贫，对家人不谋私利，对党和人民绝对忠诚。他60多年刻意尘封自己的功绩，用自己的朴实纯粹、淡泊名利彰显了共产党人的政治本色。领导干部必须在守初心中永不变色，以坚定的理想信念坚守初心，以真挚的人民情怀滋养初心，以牢固的公仆意识践行初心，把"人民对美好生活的向往，就是我们的奋斗目标"作为价值导向，自觉同人民想在一起，干在一起。要勇于担当负责，积极主动作为，保持斗争精神，敢于直面风险挑战，在实践历练中增长经验智慧，在坚守初心、勇担使命中涵养清正之气。

以严字当头的作风擦亮自律底色。 习近平总书记强调："世间事，做于细，成于严。从严是我们做好一切工作的重要保障。"作风严格是自律一贯的内在属性。无论什么时候、什么场合、做什么事，领导干部都只有严而又严地坚持自律，才能健康成长。**万事严中求，自律严当头。** 领导干部如果对自己要求不严，不把自律当回事，态度不端、言行不羁，就会在松松垮垮中走向堕落。自律来自从严，自律就应从严，世界上不存在"宽松"的自律。不严格，自律就无从谈起。在自律上守住了这个"严"字，方能仰不愧于天、俯不愧于人、内不愧于心。领导干部只有始终严格自律，把全面从严的要求贯穿于学习、生活、工作各方面，落实到做人、做事、做官全过程，以严格、严肃、严谨的态度来对待、来推进、来完成，对自己身上的问题零容忍、动真格、不手软，才能方向正、步子稳、行得远。**严以修身、严以用权、严以律己。** 严则正气充盈，严则内力倍增。习近平总书记要求："各级领导干部都要树立和发扬好的作风，既严以修身、严以用权、严以律己，又谋事要实、创业要实、做人要实。"领导干部做到严格自律，就应当严以修身，自觉加强党性修养，坚定理想信念，提升道德境界，追求高尚情操，保持健康情趣，不断反省自身问题和差距，自觉远离低级趣味，自觉抵制歪风邪气；就应当严以用权，面对权力心有所畏、言有所戒、行有所止，坚守公与私、权与法的界限，始终依法用权、秉公用权、廉洁用权，绝不搞"一言堂"、独断专行，绝不搞以言代法、以权压法、徇私枉法；就应当严以律己，把廉洁作为从政的底线，心存敬畏、手握戒尺，慎独慎微、勤于自省，遵守党纪国法，知晓为官做事的尺度，始终做到为政清廉。**职务越高越要严格自律。**严以律己是领导干部为政之道，成事之要，修身之本。职务越高，责任越重，权力越大，诱惑越多，越应当心存敬畏、严格自律。春秋时期宋国大夫正考父对自己要求很严，在家庙的鼎上铸下铭训："一命而偻，再命而伛，三命而俯。循墙而走，亦莫余敢侮。饘于是，鬻于是，以糊余口。"一些领导干部在职位升迁后，自恃位高权重，放松了对自己的要求，最终成了"笼中虎"。领导干部职务越高，越要带头严格自律，绝不能有"松松劲""歇歇脚"的念头。

以坚韧不拔的作风走好自律之路。自律不是一朝一夕，而是一种长期的坚持和自觉。领导干部要有持之以恒的毅力、坚韧不拔的定力，坚持把"自律"作为一种政治底线、行为规范来坚守，作为一种道德观念、价值尺度来修炼，作为一种生活方式、精神追求来坚持，始终把自律贯穿于学习工作生活全过程，持续加强自我修炼。要保持韧劲，不仅在大事要事中自律，也在小事小节中自律，遇到再大的困难、再大的阻力，也要坦然面对、泰然处之，百折不挠，久久为功。**熬得住，才能厚积薄发。**凡事都有一个过程，只有量变达到一定程度才会质变，欲速则不达。领导干部要善于等待和积累，沉得住气、静得下心，循序渐进、蓄势待发。只有善于在自律中等待和积累，身陷几次困难处境、多经历几件让人挠头的事，在"疾风暴雨"中、在无声无息中，不断进行自我净化、自我完善、自我革新、自我提高，才能更坚强、更有实力、更立得住。常言道，百年陈酒十里香。好干部也是"熬"出来的。这种"熬"，体现在坚持自律中，不断进行积累沉淀、经受考验，多吃一些苦、多受一些煎熬，这本身就是一种自律。如果心浮气躁、急于求成，经常性"头脑发热"，喜欢"大干快上"，往往会自乱阵脚，终将一事无成。**稳得住，才能经受考验。**要想成为优秀的干部，必须善于在自律中等待和积累，稳得住心神、耐得住寂寞、经得住诱惑。要心神不乱，在坚定、镇定、淡定中韬光养晦、蓄积能量。不盲从、不浮躁、不动摇，不为难所屈，不为危所乱，临危不乱、处变不惊，全身心扑到研究工作、琢磨事情上来。要甘于寂寞，把全部精力用到事业上、工作中；甘于平淡、坐得住冷板凳，受得了被冷落，始终在默默无闻、不张扬中坚守岗位、勤奋敬业，做好该做的事。要不惧诱惑，面对权力、金钱、美色的诱惑头不昏、眼不花、心不乱，真正做到不为名所缚、不为利所累、不为色所诱，经得起各种诱惑和考验。**定得住，才能善作善成。**万事开头难，自律刚开始需要改变很多行为习惯，通常会有很多不自然、不适应，领导干部要认真系好人生的第一颗"纽扣"，做好充分的思想准备，规划好要自律些什么，该怎么做，从哪里入手，切实把第一步走稳、走实，为长期自律打下坚实基础。慎终如始，则无败事，不管做什么事情，都要坚持始终如一，谨慎小心，在没有完全胜利之前，一刻不能松、一步不能退。成功往往需要忍耐和煎熬，如果没有意志力、没有恒心，就很可能坚持不下去，我们要坚定信心，乐观前行，看准的事情就要以踏石留印、抓铁有痕的劲头抓下去，发扬钉钉子精神，保持力度、保持韧劲，就一定能够善始善终，善作善成。

作风建设永远在路上

习近平总书记指出："作风建设永远在路上，永远没有休止符，必须抓常、抓细、抓长，持续努力、久久为功。"作风问题具有顽固性和反复性，任何时候都不能掉以轻心。当前，虽然一些领导干部有意识、有态度去抓作风建设，但一些不良作风像割韭菜一样，割了一茬长一茬，究其原因还是方法路子不对头，头痛医头、脚痛医脚，不去寻根溯源，只能"见子打子"、疲于应对。作风问题须标本兼治，只有用教育培训管思想、强信念，用规章制度管长远、固根本，用纪律规范管行为、遏"四风"，才能见常态、见实效、见长效，抓实抓好作风建设这个永恒课题。

教育培训"养"作风。 作风是思想的外化，思想是行动的先导。干部作风出现毛病，根子都是精神上"缺钙"，思想认识上出现了偏差，若想扭转过来，离不开自身修养的提升，也离不开组织的教育引导。领导干部只有不断通过积极参加教育培训强化党性修养、宗旨意识、道德观念，坚定理想信念，坚守共产党人精神追求，才能清除附着在思想上的腐朽尘埃，增强改进作风的思想自觉和行动自觉。以正面典型为镜可以正衣冠；以反面案例为戒可以明得失。在作风教育中既要对标杆典型激励自身向上向善，又要对照反面案例警钟长鸣，主动在思想上划出红线、在行为上明确界限，打好"预防针"、增强"免疫力"。**对标典型扬正气，**

激发正能量。榜样力量催人奋进、感人故事引人向上、公平事例树立正气、正义风气凝聚人心。传播真善美，传递正能量是作风建设的重要内容，领导干部要时常对标道德模范、时代楷模、中国好人、最美人物等示范榜样，以高尚的精神教育自己、以优秀的文化鼓舞自己、以丰润的道德滋养自己，努力做到见贤思齐、砥砺品行、崇德向善。要树立爱党爱国、忠诚为民，敬业奉献、拼搏担当的优良作风，增强中华民族大家庭的战斗力、凝聚力和团结力。要大力践行社会主义核心价值观，继承和发展中华传统美德，弘扬营造文明和谐、积极向上、创新发展的时代新风，不断为实现中华民族伟大复兴的中国梦凝聚起强大的精神力量和有力的道德支撑。**加强警示教育，时常警钟长鸣**。"心有所畏，方能言有所戒、行有所止。"以反面典型案件为镜鉴，主动对照自省，方能进一步坚定理想信念，全面筑牢抵制不良风气、拒腐防变思想防线。习近平总书记指出，开展警示教育，使各级干部特别是高级干部受警醒、明底线、知敬畏，切实引以为戒。警示教育能使人们慎微慎独，在法纪面前不敢越雷池半步，在权力面前如履薄冰，增强抵抗力、免疫力和廉政意识。通过警示教育，可以唤起党员干部的崇高理想，培养党员干部的自尊、自爱、自重和自强，以及知廉耻的品德和遵纪守法的自觉性。通过警示教育，可以表明党持之以恒从严治党、驰而不息正风肃纪、坚定不移惩治腐败、常抓不懈作风建设的决心和态度，让公平正义成为推动民族团结和社会安定的坚强基石，让风清气正成为人民满意、群众拥护的社会氛围，让自律自省、克己律己成为党员干部的行为规范，不断推进作风建设走向深入。

制度约束"强"作风。习近平总书记指出，走出作风问题抓一抓就好转、松一松就反弹的怪圈，根本上还是要靠科学有效的制度。制度具有普遍、长期的约束力，是规范权力运行、改进作风常态化的重要保证。要建立健全各项制度，努力把制度的笼子扎得紧一些、密一些、牢一些，用制度建设推动作风建设。制度的生命力在于执行，要认真落实作风建设各项制度，有章必循、违规必究，坚持制度面前人人平等，不留"暗门"、不开"天窗"，维护制度的严肃性和权威性，实现"转作风不是一阵风"。**制度建设至关重要。**制度建设具有管根本、管全局、管长远的作用，经济社会发展最终依靠的是一个个人做好本职工作，因此要着力建立科学完善的机制体制，确保事随人定、人按制走。作风建设的关键是要立规矩、讲规矩、守规矩，健全完善法律法规，提供根本性、全局性、长期性的制度支撑，形成以制度管人管事的良好局面。党中央通过出台八项规定，以"铁"的制度大力整治形式主义、官僚主义、享乐主义和奢靡之风，通过持续十多年严格执纪，党风、政风、干部作风和社会风气大为好转，吃拿卡要少了、服务意识多了，庸懒散拖少了、求真务实多了，挥霍浪费少了，朴素勤俭多了。广大党员干部全面提振了干事创业精气神，一心一意谋发展、为民服务解难题，不断把为人民造福事业推向前进，党在人民心中的形象和威信空前提升，生动印证了"民心是最大的政治，正义是最强的力量"。**制度的生命力在于执行。**再好的制度，如果不执行，就会变成"稻草人""空中楼阁"。执行离不开勇于担当的硬作风，领导干部要以身作则、自觉担当，下大气力抓落实、抓执行，一级带一级、一级抓一级，增强制度执行力。执行离不开坚决贯彻的硬作风，如果制度执行走形式、打折扣、搞变通、做选择，就会破坏制度的严肃性和权威性，让制度空转，导致出现"写在纸上、贴在墙上、念在嘴上""雷声大雨点小""牛栏关猫"的现象。领导干部只有把好制度执行"第一关",做制度执行的表率,带头学习制度、严格遵守制度、自觉维护制度,才能让制度变成具体行动。执行离不开严肃认真的硬作风,对制度执行的"破窗者"要坚决做到"零容忍",彻底打消"法不责众""下不为例"的侥幸心理和观望态度,制度才会有效果、有威严、有震慑力,制度执行才能常态化、规范化、自觉化。执行离不开持之以恒的硬作风,制度的执行只有进行时,没有完成时,要坚持制度执行的常态化长效化,决不能有松劲歇脚、疲劳厌战的情绪。执行离不开科学管理的硬作风,领导干部要保持定力不动摇、只争朝夕不等待、蹄疾步稳不急躁、聚焦目标不散光、综合统筹不偏颇、真抓实干不虚空、精准施策不粗糙,把制度的贯彻执行落到实处,久久为功、才能推进作风建设与时俱进。

纪律严明"护"作风。习近平总书记强调:"党面临的形势越复杂、肩负的任务越艰巨,就越要加强纪律建设。"领导干部要坚持"纪严于法、纪在法前"的观念,把纪律和规矩摆在前面。要从近身处构筑防护网,从远离底线的地方拉起警戒线,从小事小节上设置安全阀,自觉遵守纪律、敬畏纪律,在任何时候任何情况下都不触碰法纪红线,不逾越雷池半步,使明警线、守底线、划红线成为严格自律的必备素质和自觉要求。要时刻绷紧纪律这根弦,严守政治纪律、组织纪律、廉洁纪律、群众纪律、工作纪律、生活纪律,始终做到心有所畏、言有所戒、行有所止,防患于未然,行稳而致远。**纪律是作风建设的"安全带"。**没有规矩不成方圆。组织纪律是我们党进行革命、建设和改革的重要政治优势,严明的纪律规矩是约束干部言行全面从严的"紧箍圈",也是保护自己的"安全带"。干部出问题，往往都是因为从突破纪律规矩开始，一些干部以自我为中心、自由主义作风严重，目无组织纪律，公私不分，搞人身依附、利益交换，直到锒铛入狱才幡然悔悟。守纪律方能正作风，领导干部只有时刻紧绷纪律之弦不放松，认真戴好"紧箍圈"，自觉系好"安全带"，遵守好纪律规矩，坚决抵制"四风"，才能在人生路途上平安顺达，行稳致远。**纪律是作风建设的"压舱石"。**纪律是作风建设的根本保证，有铁的纪律才能锤炼出铁的作风。每一级组织都要坚持党性党风党纪一起抓，让每一名领导干部在"聚光灯"下行使权力，在"放大镜"下开展工作，让"咬耳朵、扯袖子、红红脸、出出汗"成为常态，让权力在阳光下运行，以严的基调正风肃纪，持之以恒地整治群众身边的形式主义、官僚主义、享乐主义和奢靡之风。领导干部要坚持把纪律规矩摆在前面，深入推进反腐败斗争，切实做到权为民所赋、权为民所用、用权受监督，以好的作风振奋精神、激发斗志、树立形象、赢得民心。

坚守廉洁底线

"治人者必先自治,责人者必先自责,成人者必先自成。"习近平总书记强调,新的征程上,我们要牢记打铁必须自身硬的道理,增强全面从严治党永远在路上的政治自觉。在思想作风上要勇于自我革命,以伟大自我革命引领伟大社会革命,确保党不变质、不变色、不变味。对领导干部来讲,自身硬首先要自身廉、自身净。领导干部在清正廉洁方面是"风向标",要强化按制度规定办事的观念,时刻用党的纪律和规矩约束自己,不碰高压线、不踩红线、守牢底线,做到洁身自爱、公道正派、坚守底线,做到心有所畏、言有所戒、行有所止,锤炼忠诚干净担当的政治品格,为党员、干部和群众作表率。

廉洁是"1" 其他是"0"

"廉者,政之本也。"清正廉洁是中国共产党的优良传统,是我们党战无不胜、攻无不克的制胜法宝。习近平总书记强调:"一个人廉洁自律不过关,做人就没有骨气。要牢记清廉是福、贪欲是祸的道理,树立正确的权力观、地位观、利益观,任何时候都稳得住心神、管得住行为、守得住清白。"清正廉洁是为官从政的基本底线,这个底线守不住,其他的努力都等于零。从某种意义上讲,廉洁是"1",其他是"0",没有这个"1",后面再多的"0"也是枉然。新时代领导干部,必须增强廉洁自律意识,切实提高拒腐防变能力。

廉洁受人敬,贪赃法不容。综观历朝历代,凡是能为百姓所怀念铭记的为官者,除了务实为民、处事公道外,至关重要的一点就是清廉。**蓄积清正廉洁的正义之力。**廉洁是一种正义和威慑的力量,从政为官必须蓄积这股力量。明代廉吏况钟,廉洁奉公,在任时身居简室,未铺设奢华之物,三餐佐饭仅一荤一素,苏州人民称他"况青天"。清朝"一代廉吏"于成龙,为官20余年政绩卓著,去世后"绨袍一袭、靴带二事,瓦瓮中粗米数斛、盐豉数器而已",别无余财,百姓为之痛哭流涕。新时期共产党员的楷模孔繁森,一尘不染、两袖清风,他收留了三个震灾中认识的孤儿,把工资中相当大的一部分用于帮助困难群众。因车祸牺牲后,人们从他身上找到的现金只有 8 元 6 角。相反，北宋的蔡京、明代的严嵩、清朝的和坤等贪官，因大肆贪婪、伤天害理被世人所唾骂而遗臭万年。习近平总书记强调："办好中国的事情，关键在党、关键在全面从严治党。"党的十八大以来，党中央坚持不敢腐、不能腐、不想腐一体推进，惩治震慑、制度约束、提高觉悟一体发力，确保党和人民赋予的权力始终用来为人民谋幸福。坚持有案必查、有腐必惩，以猛药去疴、重典治乱的决心，以刮骨疗毒、壮士断腕的勇气，坚定不移"打虎""拍蝇""猎狐"，查处周永康、薄熙来、孙政才、令计划等严重违纪违法人员，一大批贪腐党员干部受到了党纪国法的制裁。**公生明，廉生威。**大公无私、恪守清廉，方能挺得起腰杆、讲得起硬话，方能明察秋毫、不怒自威。领导干部只有珍惜来之不易的为党和人民奉献的机会，严格自律、勤于修身，树牢廉洁观念，拧紧思想的阀门，经常扪心自问，自检自省、自我约束，绷紧廉洁从政这根弦，才能做到理想信念不动摇、精神支柱不倾斜；在钱财诱惑面前保持定力，不为不良风气所侵，不被腐利短见所误，不戚戚于贫贱，不汲汲于富贵，"大节"不偏离、"小节"不丧失，"内安于心，外安于目"。

水不流则腐，官不廉则败。《吕氏春秋》有言："流水不腐，户枢不蠹，动也。"也就是说常流的水不会发臭，常转的门轴不遭虫蛀。对于领导干部来说，只有像水一样加强自我更新，才能守住清正廉洁这个根本。否则，就要腐败变质，像死水一样发臭。**清正廉洁是共产党人代代相传的红色基因。**我们党从诞生之日起，就将清正廉洁作为共产党人的鲜明底色写在了自己的旗帜上，始终与党的初心和使命紧密联系在一起，赢得人民信赖、爱戴和拥护，从而赢得了中国革命、建设和改革一个又一个胜利。习近平总书记多次指出，共产党的干部就是要严于律己、廉洁奉公、一身正气、两袖清风，清清白白做官。领导干部只有永葆清正廉洁政治本色，堂堂正正做人，清清白白为官，才能无愧于心、无愧于党、无愧于人民，真正实现人生价值、走好从政之路。廉洁是领导干部的底线。如果在廉洁上不具备管好、管住自己的能力，丧失了清正廉洁本色，纵然其他能力再强、本事再大，也只会给党和人民事业带来更大的危害，就不配当领导干部，也必将受到严惩。**加强自我净化，才能拒腐防变**。习近平总书记强调："如果缺少了自我净化、自我完善、自我革新、自我提高的勇气和能力，我们党就将陷入危险境地，做不到永远立于不败之地、永葆青春。"道在日新，新者生机也。水不腐的关键是不断更新。同样，自我净化，既是我们党永葆自身先进性和纯洁性的根本途径，也是领导干部提高拒腐防变能力的关键所在。领导干部手中有权力，经常面临各种诱惑和考验，只有不断提高自我净化能力，加强从思想上正本清源、固本培元，持之以恒改造主观世界，筑牢思想道德防线，才能提高自身"免疫力"，真正做到拒腐蚀、永不沾。反之，就难以抵制"病毒"侵袭，小管涌就会沦为大塌方，小问题就要演变成大错误，就难以守住廉洁底线。

　　廉以养德，无欲则刚。古语云："鱼为诱饵吞钩，鸟为秕谷落网。"在各种困难、风险、诱惑面前，如果定力不强，意志不坚定，很容易萌生各种歪念、邪念、贪念，也容易出现麻痹大意、放纵懈怠，难以始终保持执着的精神追求和坚强的意志品质，最终功亏一篑、前功尽弃。**廉洁自律是党员干部的修身之本、德才之基**。翻阅党史，老一辈革命家的一生，不仅是革命的一生，也是廉洁自律、坦荡无私的一生。毛泽东参加革命后，给自己规定了"三不谈"——不谈金钱、不谈身边琐事、不谈对革命无利的事情。周恩来一生清廉，严格要求家人和身边干部"三不沾"：私人的事不坐公车，不沾国家的便宜；亲属来机关探亲，就餐自己买票，不沾集体的财富；不得以总理的名义接待或收受礼品，不沾机关和个人的利益。刘少奇始终保持艰苦奋斗作风和人民公仆本色，以身作则，严于律己，从不搞特殊化。他一日三餐都很简单，就是粗茶淡饭，有时热热剩菜剩饭就算一顿。他的衣着也很朴素，在家里穿的普通布衣和布鞋，有的都洗褪了颜色，衬衣总是穿到无法再补了才肯换新的。习近平总书记指出："共产党人更应该强化自我修炼、自我约束、自我塑造，在廉洁自律上作出表率。"**过好政治关、廉洁关，一刻都不能含糊。**如果过不了廉洁这一关，本事越大，对党和人民的事业危害越大。领导干部要心中高悬法纪明镜，手中紧握法纪戒尺，知晓为官做事尺度，时刻不忘贪欲之害，自觉修剪欲望之枝，坚守防线，恪守准则，把纪律和规矩摆在前面，自重自省自警自励，慎行慎微慎初慎独；要坚持自律、严格自律、自觉自律，用自律催发奋进，用自律护持善心，以坚强的党性、过硬的品质，拒腐蚀、永不沾。

身廉为标，心廉为本。俗话说，打铁还得自身硬。领导干部在清正廉洁上不仅要身"硬"，更要心"硬"。习近平总书记强调，党员干部要"自身正、自身净、自身硬"。对党员干部特别是领导干部而言，只有素质、作风过硬，以身作则，才能当好班长，带好队伍，服务好人民群众。**要做到"自身正"。**自觉弘扬和践行忠诚老实、公道正派、实事求是、清正廉洁等价值观，涵养正气、光明磊落、正大光明，始终堂堂正正做人、公公正正处事，努力做到思想纯洁、处事公道、明礼诚信、作风正派，坚决抵制歪风邪气。严格要求自己，时常在检视反思中勤扫"思想之尘"、多思"贪欲之害"、常破"心中之贼"，确保任何时候都能稳得住心神、管得住行为、守得住清白。**要做到"自身净"。**干干净净才有凝聚力，清清白白才有号召力。领导干部做到立身不忘做人之本、为政不移公仆之心、用权不谋一己之私。要以清廉作"护身符"，以清正为"座右铭"。要算清违法乱纪会导致的"七笔账"：政治账，自毁前程永难忘；经济账，倾家荡产悔难当；名誉账，身败名裂苦酒尝；家庭账，妻离子散梦断肠；亲情账，众叛亲离两茫茫；自由账，身陷牢笼盼阳光；健康账，身心憔悴恨夜长。不因一时小利而迷失，不因一时贪念而悔恨，避免一失足成千古恨。**要做到"自身硬"。**坚定斗争意志，事不避难、义不逃责，不信邪、不怕鬼、不怕压，骨头要硬，不患得患失，不给自己留后路，在攻坚战持久战中始终冲锋在最前面。增强责任感紧迫感，珍视岗位、不辱使命，为党分忧、为民尽责，深谋求真务实之策，多干求真务实之事，不断提高依规依纪依法履职能力，更加坚定有力扛起职责使命。加强自我修炼、自我约束、自我塑造，坚守住精神上的"明月清风"，远离侵蚀健康肌体的病毒贪欲，防治腐败、崇尚廉洁，做到无愧于党、无愧于民、无愧于心。

自律他律一样都不能少

习近平总书记指出:"法是他律,德是自律,需要二者并用。"自律是一个人自警、自省和自我约束、自我完善的能力;他律是来自外部的教育、批评、监督等约束。自律和他律相辅相成,自律是基础,他律是保障,二者缺一不可。综观近年来违纪违法案件,一些党员干部之所以一步步走向堕落,无不是放松自我、放松自律所致,无不是被糖衣炮弹慢慢腐蚀、层层攻破。事实也充分证明,领导干部越是敢于接受监督,就越能行得端、走得正、站得稳。严格自律、接受他律,是领导干部的终身必修课。

自律者方得自由。德国18世纪著名哲学家康德说过:"所谓自由,不是随心所欲,而是自我主宰。"王阳明云:"能克己,方能成己。"树贵自直,人贵自控。领导干部想要成就一番事业,获得幸福生活,首先要学会自律自控。**有多自律,就有多自由。**对一个人来说,放纵自己、随心所欲、恣意妄为,固然可以图一时痛快,看似"自由",但随之会被不受控的激情和欲望引向深渊。亚里士多德曾说过:"美好的人生,就建立在自我控制的基础之上"。克制看起来是控制自己,其实是在给自己创造更多的自由。守好自律底线的人,从来不会失去自由,而是自由如常;相反,背弃自律、罔顾法度者,最终往往身心双重不自由。自由不是无所限制和约束,想做什么就做什么,而是在法律和道德的框架下充分行使自己的权利。一个人的素质高低主要体现在自觉自律上，私底下、无人时、细微处最检验党性。人的所有懒惰、放纵、自制力不足的根源都在于认知能力受限，善自律者自能安。**能克己律己，方能成己成事。**人生在世，无所不欲。但是，过多的欲望会让人处于不幸的境地，这便需要人有克制过多欲望的能力。真正能成事的人，都懂得克制自己。每一次克制自己，就意味着比以前更强大，也就比以前更接近成功。能够克制过多的欲望，才能不被外物所惑，才能掌控人生，成就自己。掌握自己是一辈子要练的功夫，只有做到自觉自律，才能使自己的思想和行为始终在正确的轨道上运行。只有克制自己，自警自律、慎独慎微，学会拒绝，学会对自己说不，才能让内心安稳，让生活充满阳光。领导干部要加强自我修养，做到自觉自律，不断追求高线，守住底线，坦坦荡荡作为，清清白白为官。要心存敬畏、廉洁自律，在防微杜渐上不舍尺寸之功，从内心深处筑牢拒腐防变的精神堤坝，做到台上台下一个样、人前人后一个样。

自律胜过他律。自律是高线，纪律是中线，法律是底线，纪律和法律属于他律范围，自律与他律共同组成了"约束的笼子"。对领导干部而言，不追求高线就很难守住底线，自律他律一个也不能少，自律比他律更重要。领导干部要善于把他律转化为自律，把纪律约束化作内在自觉，形成习惯，真正做到自觉自律、自尊自强。**胜人者力，自胜者强。**他律是外因，自律是内因，而内因是推动事物发展的决定力量。有些干部在巨大的利益面前，竟然不顾他律，蔑视法规制度。而一个自觉自律的干部却能始终站稳立场，在诱惑面前严守纪律。东汉杨震升任东莱太守，在他赴任时途经昌邑，县令王密于深夜带十斤黄金拜访，杨震不受。王密以为他故作客气，说："夜幕无知者。"杨震语重心长地说："天知、地知、汝知、我知，有此四知，何谓无知呢？"这说明严格自律成了自觉，才能真正坚守底线，才不容易被"下套"、被"围猎"、被"绑架"。作为领导干部，要始终牢记自己不打倒自己，谁也打不倒你。尤其要做到慎独慎微，始终心存敬畏、手握戒尺，增强政治定力、纪律定力、道德定力、抵腐定力，始终不放纵、不越轨、不逾矩。**自律成习惯，习惯成自然**。自律的程度，决定人生的高度。习近平总书记强调："领导干部特别是高级干部必须加强自律、慎独慎微，经常对照党章检查自己的言行，加强党性修养，陶冶道德情操，永葆共产党人政治本色。"领导干部要时刻警醒自己，增强自律意识，提高自控能力，在任何情况下都能稳得住心神、管得住行为、守得住清白。要用党纪党规、法律法规来对照自己、检视自己、反省自己，让自己经常出出汗、排排毒、洗洗澡、治治病，"日日掸尘，天天洗脸"。要将自律化为行动、形成习惯，长期坚持下来，收获的必定是一个由内而外崭新的自我，是身心健康、积极向上的人生。

自律不能代替他律。失去监督的权力必然导致腐败。习近平总书记指出："加强对干部的监督，是对干部的爱护。"所有腐败案件都有一个量变到质变、小错到大错的过程。"贿随权集"，一切有权力的人都容易滥用权力。严是爱，宽是害。他律是使人迷途知返、在悬崖前勒马不可或缺的"安全阀""刹车器"。**心存侥幸必有不幸**。自律失效的原因，往往就是有的人心存侥幸。任何侥幸都是一副自杀的毒药。许多犯错误的领导干部有一个共同的特点，就是存在侥幸心理。许多腐败分子在第一次面对不义之财时也是忐忑不安的，也曾想到党纪国法，也曾想过道德良知，但都心存侥幸，自以为技高一筹，无人知晓；或自恃位高权重，无人监督，查谁也不会查到自己头上。殊不知，天下没有不透风的墙。习近平总书记告诫领导干部，要心存敬畏，不要心存侥幸。若要人不知除非己莫为。以身试法，以身涉险，一时的侥幸往往会断送自己一世的前程。领导干部要始终保持廉政没有特殊、风险没有例外的警觉性，用好手中的权力，始终保持清醒与警惕，自觉做到公私分明、是非分明，抛得开杂念，守得住底线。**以身作则，自觉接受监督**。习近平总书记指出："从查处的腐败案件看，权力不论大小，只要不受制约和监督，都可能被滥用。"监督是对干部从政为官的保护。《关于新形势下党内政治生活的若干准则》明确规定："领导干部要正确对待监督，主动接受监督，习惯在监督下开展工作，决不能拒绝监督、逃避监督。"对于领导干部来说，自觉接受监督是政治成熟的重要标志，只有勇于接受包括来自上级的监督、下级的监督、专门监督机构的监督、群众的监督、舆论的监督，让人、财、物、事、权在阳光下运行，才能更好地增强抵腐定力。领导干部要把党和人民的监督视作最大的关心、最好的保护、最真诚的帮助，不断强化严格自律、主动接受他律的意识和能力。

把权力关进制度的笼子里。权力是能力，是资格，表现为影响力和支配力；制度是准则，是规则，表现为指导性和制约性。把权力关进制度的笼子里，是指加强对权力的制约和监督，使权力在正确的轨道上运行，保证权力正确行使。习近平总书记指出："要加强对权力运行的制约和监督，把权力关进制度的笼子里，形成不敢腐的惩戒机制、不能腐的防范机制、不易腐的保障机制。"领导干部要牢固树立正确的权力观，做到公正用权、依法用权、为民用权、廉洁用权。**要自觉加强学习，在思想防线上"强起来"**。习近平总书记告诫党员干部："树立正确的权力观、地位观、利益观，任何时候都要稳得住心神、管得住行为、守得住清白。"领导干部要加强经常性的马克思主义理论和从政道德、党纪国法的学习，牢固树立正确的权力观、政绩观。要经常反思自身在思想上、工作上、作风上存在的错误思想观念、价值标准、套路模式、作风做派，一言一行跟上新的形势和要求。**要坚持依法办事，在遵纪守法上"严起来"**。有的领导干部往往容易认为自己是去领导和管理别人的，把自己游离于党纪国法和规章制度之外，为腐败滋生蔓延创造了条件。每一个干部都必须清醒地认识到，自己手中的权力是党和人民赋予的，行使权力必须受到党纪国法约束和管理。要从点滴做起，严守党纪国法和规章制度，在规定面前不越雷池半步，办事用权符合政策规定纪律要求，做到可以行使的权力按照规则正确行使，该由上级组织行使的权力不越权行使，该由领导班子集体行使的权力个人不能擅自行使。唯有这样，才不会失去自控、不会被党纪国法的"高压线"触倒而失去自由。权力是一把"双刃剑"，在法治轨道上运行可以造福人民，在法律之外运行则会祸害国家和人民。领导干部必须牢固树立法律红线不能触碰、法律底线不能逾越的观念，依照法定权限和程序行使权力，在自律与他律中走稳自己的从政路、人生路。

学高为师　身正为范

"学高为师，身正为范"是著名教育家陶行知对教师的期望，意思是只有学识渊博的人才能成为老师，只有品行端正的人才能成为典范。以身作则，方能以己及人。领导干部是干部队伍中的"关键少数"，肩负重任，更应当做到学高、身正，在学识上、品行上比普通干部群众更高一等、更严一层。也只有通过深入学习，增长智慧和本领，同时又修好身、正好心，保持共产党人的高尚品格和廉洁操守，时时处处严格要求自己，体现出领导干部应有的良好精神面貌，才能为干部群众作出表率，真正担起肩上的重任。

　　知识就是力量，智慧就是能力。知识是领导干部的立身之本和从政之基，有丰富的知识为基础，领导干部履职尽责才有力量。知识储备的数量与质量直接决定了领导水平的高低、工作效率的优劣。领导干部应当聚焦政治理论、国情国策、历史文化、法律法规、经济管理、科学技术等方面的知识，借力深厚的学识修养，打磨深邃的思想境界，淬炼纯粹的政治灵魂，升华卓越的领导能力。**知识决定底蕴，见识决定水平**。当今时代，知识更新的速度越来越快，如果不注意积累，自己储备的知识会"过期"，资本会"贬值"。知识面越宽，思路就越宽，见解就越深刻，分析就越透彻；知识贫乏，方法自然也就不多，甚至无法驾驭局面推动工作。

这就要求领导干部加快知识更新、优化知识结构、拓宽知识层面，这样才能更好地面向未来、迎接挑战。**有智慧才能善作为**。有智慧的人往往拥有较强的思考、分析、探求本质规律的能力。俗话说："力气不如方法。"有的人辛苦一生，却碌碌无为；有的人却能在短时间内聚合众力，推动发展，干成大事，一个重要的区别就在于智慧的大小。一个优秀的领导干部必须具有智慧。当前，中国特色社会主义已进入新时代，面临的情况和问题越来越复杂，国内与国际问题相互交织，解决思想、利益体制障碍等深层次矛盾深刻考验着领导干部的智慧和勇气。只有拥有大智慧，才会善于自觉运用新发展理念，把创新作为引领发展的第一动力，突破陈旧观念的束缚、摆脱传统路径的依赖、拆除既有利益的樊篱，用创新的思路、改革的办法、开放的举措，研究新情况、解决新问题、闯出新路子，有新的大作为。领导干部要有大智慧，就必须如饥似渴地学习，毫不懈怠地实践，与时俱进地提高，从马克思主义科学真理中获得认识世界和改造世界的锐利武器，从人类创造的最新文明成果中寻找登高望远的思想阶梯。

　　业精才能成事，博学方能多才。随着分工越来越细，社会管理也面临精细化、精准化的局面，过去那种一知半解，随便拍脑袋决策简单粗糙办事的做法已经行不通。领导干部必须既当"专家"，也当"杂家"，成为复合型干部，不管在什么岗位工作都能具备基本的知识体系。在此基础上做到术业有专攻、专博相济，才能本领高强，让自己更加游刃有余。**提高专业能力，干一门精一门**。习近平总书记强调，要攀登到事业顶峰，要靠心无旁骛攻主业。不一则不专，不专则不能。领导工作是具体的，是一门学问，不同的行业、不同的岗位有着不同的工作要求。做好所负责的工作离不开相关的专业知识、专业水平作支撑。领导干部要专心专业专注,发扬"安专迷"精神,安下心来、专心致志、迷恋至深,踏踏实实、倾情投入;要提高专业化能力,既要有想问题、作决策的谋略,又要有抓工作、办事情的才干,干一行懂一行,成为本职本业的行家里手;要专一执着、安心工作、专注本职,使激情和活力、能力和潜力都能得到最大限度的展现。**弘扬工匠精神,培养"绣花功夫"**。领导干部要追求"治玉石者"的精益求精,摒弃"差不多""过得去"的思想,把工作当产品,把程序当工序,始终以高标准、高质量对待,力求把每一件事都做成精品。要培养"绣花功夫"的精细作风,把"严细实"要求贯穿工作的全过程,用心对待每一个细节,精雕细琢,不断提高工作业绩。**做工作的"多面手",成为复合型人才**。博学而后多识,认识的精深要以知识的广博为基础。见多识广看问题才精准。只有掌握了更加丰富、更为全面的知识,思考问题、处理事情的思维和角度才会更开阔,视野才会更宽广。要坚持"俱收并蓄,待用无遗",兼容并包注重点滴积累,勤于实践开阔思路眼界,让学习成果不断通过实践的检验、变成经验、变成理论,反过来指导实践,不断拓展眼界、创新思路,学以致用、用以促学、学用相长。

心正就有真善美,人正不怕影子斜。古人云:"立德之本,莫尚乎正心,心正而后身正。"中国的象形文字表述"正"字时很有意思,上下左右中,用五笔工整的笔画来表达对"正"的理解。"正"有正确、正常、正派、正直、正能量等多种含义。心正,其实就是一种正确的世界观、人生观、价值观,体现在领导干部身上就是一种坚守正道、弘扬正气、清正廉洁的人格品质。**心态决定状态**。一个心正的人,积极向上、乐观开朗,全身上下充满正能量，看待事物总是正面的，很容易发现真善美。反之，一个心不正的人，往往会被怯懦、自私、贪婪等蒙蔽双眼，狭隘短视，怨天尤人。"三观"的扭曲，催生经济上的贪婪、道德上的堕落和生活上的腐化，最终走向了违法犯罪的深渊。党的干部，首先必须是品行端正、光明磊落、正能量满满的人。做人要正直、做事要正派，堂堂正正、公公正正。不谋私，不贪利，不文过饰非，不偷奸耍滑，不阿谀奉承，不溜须拍马，不阳奉阴违，平等待人，公正处事。说话有根有据，有一说一，有二说二，该说的就说，该做的就做，说的都是真话，做的都是正事。**邪不压正是真理。**邓小平说："共产党人干事业，一靠真理的力量，二靠人格的力量。"习近平总书记强调："不得罪成百上千的腐败分子，就要得罪十三亿人民。"这足以说明真理的巨大作用。有道是邪不压正，正义必胜。自古正邪不两立，东风必然压倒西风。对领导干部而言，就是要"不信这个邪！"凡事都要按党的纪律规矩办事，把讲政治摆在首位，坚持原则没什么可怕的，对一切不正之风要敢于亮剑，绝不搞逃避责任、明哲保身那一套。要勇于揭露和纠正缺点错误，及时提出改进工作的要求和建议，反对和克服"好人主义"。要正人先正己，带头讲规矩守纪律，廉洁从政，培养崇高的道德修养、高雅的生活情趣和严肃的生活作风，做到心有所畏、言有所戒、行有所止。

为官须从做人起，处世先自修身始。古人常说："修身、齐家、治国、平天下。"修身是做好一切小事、大事的源头。"君子为政之道，以修身为本""修己以安百姓"，在古人看来，修身、正己、立德不仅是做人处世之本，更是为官从政之道。做人如果没有德行修养，做官就不会有基础和威信。立身做人为官修德，是每个人尤其是领导干部的终身课题，必须认真思考并躬身实践，努力做"一个高尚的人，一个纯粹的人，一个有道德的人，一个脱离了低级趣味的人，一个有益于人民的人"。**做官先做人，做人先立德**。习近平总书记强调："做人做事第一位的是崇德修身。"如果一个人对自己的德行要求不高，甚至连起码意义上的"人"都做不好，那么他是不配做官的。只有先做好人，才有做官的资格；只有把人做得堂堂正正，做官才有可能被国家、社会和人民所认可。为官首先要是好人，有德有品的人才是好人。领导干部的一言一行对社会具有重要导向作用，要把做人的过程看成完善自我人格、夯实从政基石的过程，把做官的过程看作提升政德境界、践行为民宗旨的过程，只有永远做一个好人，牢固树立正确的世界观、人生观、价值观，才能去做官、做个好官。**修其心治其身，养其德以立业**。好的德行是一个人安身立命的精神保障，是干好事业的前提和基础，一个人要想真正在事业上有所成就，就必须自觉加强德行修炼。中华优秀传统文化高度重视道德人格的修养，特别是官德官品官风的修养，对修身做人、为官用权等方面有严格的要求和约束。习近平总书记引用"修其心、治其身，而后可以为政于天下"，强调干部加强自身修养的重要性，可以说是为官从政的基本条件。只有先修心治身、充实德行，而后才能从政。领导干部如果修身不严、官德缺失，不仅会给党和人民的事业造成极大损失，败坏党的形象，而且会使自己身陷囹圄。要在一点一滴、一言一行中正心明道，淬炼高尚的道德情操，恪守为官做人的道德本分，把自觉修身当作成长的必修课、干事创业的奠基石。

敬畏之心什么时候都要有

官有所畏，其政必兴；无所畏惧，难有所成。领导干部身居要职，只有心存敬畏、手握戒尺，才能更好地行使权力，确保权力为人民服务，无愧于党和人民的重托。"高位"与"高墙"只有一字之差，"做官"与"坐牢"只在一念之间，也只有心有敬畏，不闯红灯、不碰红线，才能保证自己心理不失衡、行为不失范，面对诱惑考验不失节。清白做人，干净做事，贵在常怀敬畏心，关键是坚持思想改造不放松，经常静心自省，加强党性修养。做到了"敬、静、净"，做人就能见境界，做事就能见水平。

心存敬畏，成长就有了"护身符"。 习近平总书记强调，领导干部要心存敬畏。敬畏之心是为人处世的思想觉悟，也是领导干部政治上成熟的表现。君子之心，常存敬畏。没有规矩不成方圆，学会敬畏、遵纪守法是领导干部从政的底线，也是安身立命的最基本要求、最基本职责和最基本素养。**必须敬畏组织、敬畏人民。** 组织是最大的靠山，人民是永远的上级。领导干部手中的权力，是党和人民赋予的，离开了组织和人民，自己就什么也不是，什么也干不成。要饮水思源、知恩图报，时刻想到自己是党的人、是组织的人，把手中权力切实用到为人民群众谋利益，为经济社会发展谋出路上，不辜负组织的重托和人民的期盼，决不能官升脾气长，头越抬越高，架子越摆越大。**必须敬畏权力、敬畏法纪。**

人皆有欲望，但如果不知敬畏、不知止，就会沦为欲望的奴隶，落入违法违纪的深渊。要牢固树立权力是国之公器、权力就是责任的意识，谨记"权力是把'双刃剑'""法无授权不可为"，让手中权力沿着法治的轨道运行，在任何时候、任何情况下都公正用权、依法用权，自觉主动接受监督，决不能以言代法、以权压法、徇私枉法。要牢固树立法治意识、制度意识、纪律意识，懂法纪、明规矩，知敬畏、存戒惧。切记法律红线不可逾越、法律底线不可触碰，带头遵守法律执行法律，带头营造办事依法、遇事找法、解决问题用法、化解矛盾靠法的法治环境。**必须敬畏历史、敬畏自然**。漠视历史、无视自然的法则必然会招致失败。要以史为鉴，善于总结历史经验教训、把握历史发展规律，从中把握前进方向、指导现实工作。要尊重自然、顺应自然、保护自然，与大自然和谐共处，牢固树立"既要金山银山，更要绿水青山"的理念，稳步走向更好更远的未来。只有心存敬畏、手握戒尺，才会"思"而出乎理智、"做"而有所顾忌、"行"而不忘法纪，才能更好地行使权力，确保权力为人民服务，无愧于党和人民的重托。

静心自省，奋斗就有了"醒脑剂"。习近平总书记指出，干部要坚守精神追求，见贤思齐，见不贤而内自省，处理好公和私、义和利、是和非、正和邪、苦和乐的关系。君子检身，常若有过。在自我省察方面久久为功，是领导干部自我完善的阶梯。只有反躬自身，常思己过，凡事学会从自己身上找原因，才能够以清醒的认知勇往直前。**提高"免疫力"丝毫不可放松**。一个人的身体若缺乏免疫力或者免疫力低，就容易生病。同样，如果一个干部思想防线不牢、警惕性不高、意志力不坚定，就会导致"免疫力"下降，就容易犯错。如何提高"免疫力"？很重要的一点就是要时刻保持一种"见不善如探汤"的警惕和"择其不善者而改之"的自觉，对于"不善"者，特别是他们身上的缺点，要有"与人不求备，检身若不及"的精神，有则改之，无则加勉。特别要以近些年来查处的各类腐败分子为反面教材，结合自身实际，举一反三、检身正己，受警醒、明底线、知敬畏，努力做到"心不动于微利之诱，目不眩于五色之惑"，真正在思想上、政治上、作风上严起来实起来，始终保持对党纪国法的敬畏之心，做到心有所畏、言有所戒、行有所止，自觉把讲规矩守纪律作为为官从政最根本的准则。**曾子曰："吾日三省吾身。"**学会反省，才能够拥有自我更新的能力，在错误中寻找解决问题的策略并加以修正，不断得到提升和进步。领导干部更需要这种"三省吾身"的精神，除了重视别人的评价，关键要经常静心扣心、反躬自省。适时沉淀自己、剖析自己、反思自己、完善自己，才能在为新时代党的历史使命奋斗过程中，实事求是地认清自己，既不狂妄自大，也不妄自菲薄；既不武断偏执，也不人云亦云；既不盛气凌人，也不奴颜婢膝，从而在全面建设社会主义现代化国家新征程中，认清自己的能力和责任，时时警诫自己、修正自己、充实自己。

干净做事，为官就有了"方向盘"。 领导干部要把人民放在心上，在思想上干干净净，在心灵上干干净净，在行动上干干净净，要牢记执政为民，要做到一身正气，两袖清风。**君子如玉，常留清白。**干净出正气、出权威、出凝聚力、出战斗力。干净是一种物质上的不惑、不贪，表现为洁净、纯洁；是一种品德上的清廉、清风，表现为廉洁、廉政。习近平总书记强调，面对新情况新考验，各级领导干部一定要加强党性修养，干干净净干事，始终保持共产党人的政治本色。领导干部干净与否关系到人民群众如何看待、评价与认识我们党的执政能力和水平。"官"做得干净，在百姓之中才有口碑，否则只能留得骂名。只有信念坚定，头脑清醒干净做人，面对各种各样的诱惑不动心、不低头、不失足，才能维护好国家和群众的利益，才能干好事、干成事。领导干部必须守住干净这个底线，树立正确的世界观、人生观、价值观和正确的利益观、地位观，廉洁奉公，不贪不占，做到不仁之举不为、不义之财不取、不正之风不沾、不清之行不干。**干干净净，踏实干事。**领导干部干净做事，就是要守得住清贫、耐得住寂寞、稳得住心神、经得住考验，自觉做到秉公用权、不以权谋私，依法用权、不假公济私，廉洁用权、不贪污腐败；就是要有强烈的事业心和高度的责任感，为工作尽心尽力、忘我奉献，真正做到为党和人民的事业鞠躬尽瘁；就是要加强自身修养、提升精神境界，不断增强自律能力，又要充分发挥他律的作用，健全相应的体制机制，强化制度约束。要深刻领会"干净做事"的深刻内涵，把这样的要求贯穿在实际工作当中，作为为官执政的方向要领，廉洁为公，勤政为民，永葆领导干部的纯洁公仆本色，推动党的事业不断前进，不断取得新胜利。

襟怀坦荡，人生就有了"高境界"。习近平总书记指出，光明磊落、坦荡无私，既是共产党人的光辉品格，也是干部应该锤炼的品质修养。**君子喻于义，君子坦荡荡。**领导干部如果能够做到坦坦荡荡、一身正气，其自身也就有了"国之所忧，我必念之；民之所盼，我必行之"的"大情怀""高境界"，其为官就会以民为本，视民为根，就会保持"利归天下，誉属黎民"的博大情怀，为人民执好政、掌好权，造福一方。相反，领导干部如果私念过重，放纵自己，就会混淆是非，走上邪路，给党和人民的事业造成危害，使国家陷入"政怠宦成，人亡政息"的历史周期率。**扶正祛邪心才安**。正所谓："平生不做亏心事，半夜不怕鬼敲门。"清代有个叫叶存仁的地方官员，从政三十余载，甘于淡泊，从不苟取。离任时，僚属们趁夜晚用一叶扁舟送来临别馈赠，他即兴赋诗一首以拒赠："明月清风夜半时，扁舟相送故迟迟。感君情重还君赠，不畏人知畏己知。"领导干部要做一个问心无愧的人，慎独、慎初、慎微、慎欲，始终保持清正廉洁的政治本色。**心底无私天地宽**。习近平总书记指出："作为党的干部，就是要讲大公无私、公私分明、先公后私、公而忘私，只有一心为公、事事出于公心，才能坦荡做人、谨慎用权，才能光明正大、堂堂正正。"领导干部能否平衡好公与私的天平、拿捏准公与私的分寸，体现其作风素质，检验其党性修养，考量其政治品格。如果认为用公车办一次私事、花公款请一回朋友、借公权帮一下亲人是情理之中，混淆公与私的界限，往往就是腐败的萌芽。宋代《竹坡诗话》载，李氏家族有一人为官公私分明，一天他正在公烛下办理公务，有人送来一封家书，他立即换上自家蜡烛，才开始看。因为在他看来，公私之间不能越雷池半步。领导干部要树牢"苟非吾之所有，虽一毫而莫取"的意识，保持公仆本色，努力修炼"一心念公不念私、一心扑在公事上"的高境界。

既要管好自己　也要防止"后院起火"

修己以安人，修身齐家治国平天下。领导干部要自身硬、行得正，修好身、齐好家是基本前提。习近平总书记强调，党员干部"要做到廉以修身、廉以持家，培育良好家风"。面对形形色色的诱惑和考验，领导干部必须坚持内外兼修、齐家治政，始终把家风建设摆在重要位置，廉洁修身、廉洁持家，在严格自我管理的同时，严格教育管理家人，真正安置好家庭成长摇篮，守护好家庭廉洁堤防，建设好幸福美满家庭。

自己不打倒自己，谁也打不倒你。管好自己，首先就要自省自律。习近平总书记指出："一个人能否廉洁自律，最大的诱惑是自己，最难战胜的敌人也是自己。"唯物辩证法告诉我们，内因是事物变化的根据，外因是事物变化的条件，外因只有通过内因才能起作用。**自身正气充盈，则邪不近身。**领导干部手握公权，工作生活中的诱惑无处不在、风险无处不有，稍有不慎，就有可能误入歧途、被拖"下水"。唯有永无止境地自我追问，坚持不懈地自我认知，永不停歇地自我革命，保持不离本心的自省、不忘初心的清醒，人生坐标才不会偏差，人生航向才不会偏离，人生之路才能行稳致远。**苍蝇不叮无缝的蛋。物必先腐而后虫生。**事物的毁灭往往酿生于自身。邓小平同志曾说过："中国要出问题，还是出在共产党内部。"再坚固的堡垒，也抵挡不住来自内部的瓦解。领导干部如果自身不够硬，必然在受外界侵蚀时，抵抗不住影响和诱惑，从而失去正确的判断力，变得摇摆不定、坐立不安。自古以来，贿随权集，一点都不能大意。一个管不住自己的人，一定会逐渐放松对自己各方面的要求，奉行自由主义，想干什么就干什么，在追逐欲望中迷失自我、放纵自我、麻痹自我。从某种程度上说，领导干部随时都有被"围猎"的危险，自身"抵抗力""免疫力"不足就会成为别有用心之人的"猎物"，被人一点一点"啃食"，政治上的变质、经济上的贪婪、道德上的堕落、生活上的腐化就会纷至沓来。世界上没有无缘无故的爱，也没有无缘无故的恨，凡事皆有因果。**内不腐则虫无以生，自身过硬才能百毒不侵。**作为新时代的党员干部，要坚持刀刃向内，发扬自我革命精神，凡事多从自身找原因，勇于革除自身的"病症"，让围猎者无"猎"可围。要管住小节，防止"千里之堤，溃于蚁穴"，管住自己的内心、管住自己的行为、管住自己的家人、管住自己的下属，勿以善小而不为，勿以恶小而为之，牢牢守住自己。

当官发财必须两道，为公为私必须两清。习近平总书记多次强调："鱼和熊掌不可兼得，当官发财两条道，当官就不要发财，发财就不要当官。"黄埔军校门口有一副孙中山先生题写的对联："升官发财请往他处，贪生怕死勿入斯门。"领导干部要自觉对照，清清爽爽、义无反顾地去当官，守住党和人民交给自己的政治责任，守住自己的政治生命线，守住正确的人生观、价值观。**既已走官道，当忘发财梦。**升官发财，是封建思想之荼毒。现实中却有一些领导干部信奉"当官不发财，请我也不来"的歪理，把公权作为谋取私利的工具，卖官鬻爵、权钱交易，终将被党和人民唾弃。把当官作为满足贪欲、获得私利的捷径，那样迟早要完蛋。

只有摒弃拜金主义和享乐主义，不被金钱所奴役，才能在从政路上行稳致远。**官职是谋事的平台，岗位是为民的舞台。**公仆不是老板，肩负着党和人民的重托，应倍加珍惜人民赋予的权力和干事创业的机会，从政不能以发财为目的，在工作和生活中必须坚决做到"不义之财不取、不法之物不拿、不净之地不去"。选择了当官，就不能为自己谋利，就不能把钱看得太重，必须时刻不忘初心，牢记使命，认清楚"当官"与"发财"之间的界限。**治官事则不营私家，在公家则不言货利。**公私分明是为官从政的基本操守和道德底线。共产党的干部是人民的公仆，领导干部手中的权力是党和人民赋予的，是为党和人民做事用的，姓公不姓私，只能用来为党分忧、为国干事、为民谋利，决不能异化为牟取私利的工具。要正确行使权力，依法用权、秉公用权、廉洁用权，做到法定职权必须为，法无授权不可为，保持如临深渊、如履薄冰的谨慎，做到心有所畏、言有所戒、行有所止。要常修为政之德，明大德、守公德、严私德，以"国计已推肝胆许，家财不为子孙谋"的高风亮节厘清亲情与权力的边界，从内心深处筑牢拒腐防变的精神堤坝，把握好公与私、情与理的尺度。要常怀律己之心，常除非分之想，做到手握公权洁身自好、大公无私、公而忘私，始终不放纵、不越轨、不逾矩，切实让公权得之于民、用之于民、服务于民。

以家风涵养官德，以官德淳化家风。"妻贤夫祸少，子孝父心宽。"家风是社会风气的重要组成部分。家庭不只是人们身体的住处，更是人们心灵的归宿。**"积善之家，必有余庆；积不善之家，必有余殃。"**《诫子书》《颜氏家训》《朱子家训》等都在倡导一种家风。良好家风才是留给子女的最大遗产，家风好，就能家道昌盛、和顺美满；家风差，难免殃及子孙、贻害社会。老一辈革命家都高度重视家风。"恋亲不为亲徇私，念旧不为旧谋利，济亲不为亲撑腰。"这是毛泽东的"家风三原则"。对于生活有困难的亲友，他总用自己的稿费收入给予经济上的帮助，绝不给国家增添负担。对想借他的地位、权力、影响力谋求好处和特殊照顾的"求助"，他则一概拒绝。作为党和国家的领导人，他关心亲友却不失原则，为全党作出了表率。这如同一面镜子，映照出共产党人的信仰、理想和追求，彰显出一代伟人清正廉洁、率先垂范的良好家风。领导干部就是要带头弘扬社会主义核心价值观，带头廉洁治家，在树立良好家风上为社会作表率。**家风关乎大事。**习近平总书记指出："领导干部的家风，不是个人小事、家庭私事，而是领导干部作风的重要表现。"领导干部要严于律己、从严治家，过好家庭关、亲情关，不让原则在亲情面前变通、不让底线在亲情面前失守，看好家门、管好家人、理好家事，带动党风向好、民心向善。要带头立家规、传家训、树家风，礼义兴家，诗书传家，用自身的言传身教和积极向上的家庭文化去熏陶、感化家庭成员，做家庭美德和家庭文明的践行者、示范者。要勤于持家、俭以养德，自觉远离奢侈欲望的诱惑，不仅自己要以俭为荣、以奢为耻，还要防止"枕边风"成为贪腐的导火索，做到"门无杂宾"，防止"后院起火"。

家风淳正，雨润万物；家风一破，污秽尽来。 家既可以是幸福温馨的港湾，也可能成为滋生祸患、催生腐败的温床。**国廉则兴，家廉则旺。** 家庭是社会的细胞，家风的好坏关系到国家、社会肌体的好坏。家风正，则作风优、党风清、政风淳。家风败坏往往是领导干部走向严重违纪违法的重要原因。从查处的一些腐败案件看，不少领导干部不仅在前台大搞权钱交易，还纵容家属在幕后收钱敛财，子女等也利用父母影响经商谋利、大发不义之财，具有"全家腐"甚至家族式腐败的特征。有的前门当官、后门开店；有的裙带攀附、鸡犬升天……这些教训不可谓不令人痛心又发人深省。世上没有免费的午餐。把权力当成谋私的工具，肆无忌惮、为所欲为，一定会走向覆灭。**"严是爱，宽是害。"** 领导干部须正确对待亲情，做到关爱不溺爱，善待不纵容，过好亲情关。要严格要求子女亲属，教育他们树立遵纪守法、艰苦朴素、自食其力的良好观念，明白见利忘义、贪赃枉法都是不道德的事情，督促他们走正道。**身正为范带家风。** 树立良好家风，领导干部自身是关键。《礼记·大学》中说："所谓治国必先齐其家者，其家不可教而能教人者，无之。"领导干部要做家风建设的表率。要继承和弘扬中华优秀传统文化，继承和弘扬革命前辈的红色家风，向焦裕禄、谷文昌、杨善洲等同志学习，自觉抵制歪风邪气，弘扬清风正气，把修身、齐家落到实处。孔子云："其身正，不令而行，其身不正，虽令不从。"领导干部既是党和人民事业的骨干，也是家庭和家族的表率，必须自重自省自警，保持高尚道德情操和健康生活情趣，多一些手握戒尺、心存敬畏的自觉。既要拿起纪律这把戒尺，以人格力量凝聚党心民心；又要守住底线，严格执行党的纪律，决不越雷池半步，做到家里家外一个样，台上台下一个样，八小时外和八小时内一个样。

炼就金刚不坏之身

习近平总书记强调："努力炼就百毒不侵、金刚不坏之身。"党的二十大报告指出，从现在起，中国共产党的中心任务就是团结带领全国各族人民全面建成社会主义现代化强国、实现第二个百年奋斗目标，以中国式现代化全面推进中华民族伟大复兴。然而，新时代新征程，我们还会遇到各种可以预料和难以预料的风险挑战，还有许多"雪山""草地"需要跨越，还有许多"娄山关""腊子口"需要征服，还有许多陷阱、诱惑需要抵制。领导干部只有炼就金刚不坏之身，才能做到百毒不侵、百折不挠，在大是大非面前旗帜鲜明，在风浪考验面前无所畏惧，在各种诱惑面前立场坚定，关键时刻靠得住、信得过、能放心。

炼就金刚不坏之身必须"五个过硬"。习近平总书记提出的炼就金刚不坏之身，主要是指党员干部要坚定对马克思主义的信仰、对共产主义远大理想和中国特色社会主义共同理想的信念，不断培植精神家园，增强政治定力，提高执政本领，经受住任何风浪考验。习近平总书记强调，党员干部要"信念过硬、政治过硬、责任过硬、能力过硬、作风过硬"。可以理解，这"五个过硬"就是习近平总书记对党员干部炼就金刚不坏之身提出的新要求。**一是信念要过硬。**始终坚持对马克思主义的信仰，坚定共产主义和社会主义的信念，切实坚定"四个自信"，深入系统地学习马克思主义和中国特色社会主义理论体系特别是习近平新时代中国特色社会主义思想，筑牢信仰之基、补足精神之钙、把稳思想之舵，挺直共产党人的精神脊梁，经得住考验、守得住根本、抵得住风浪。**二是政治要过硬**。坚定拥护"两个确立"，坚决做到"两个维护"。在思想政治上讲政治立场、政治方向、政治原则、政治道路，在行动实践上维护党中央权威和集中统一领导、执行党的政治路线、严格遵守党的政治纪律和政治规矩，善于把握方向、把握大势、把握全局，能够保持政治定力、驾驭政治局面、防范政治风险。**三是责任要过硬**。树立正确政绩观，认清责任、担起责任、落实责任，始终肩负起对民族的责任、对党的责任、对人民的责任，自觉知责履职尽责，敢于担当负责，敢于破除安于现状的惰性和封闭保守的思想，勇于改革创新，以钉钉子精神狠抓落实，坚持"功成不必在我""政贵有恒""一张蓝图绘到底"，创造出经得起实践、历史、人民检验的成绩。**四是能力要过硬**。始终在研究状态下工作，善于总结反思，不断掌握新知识、熟悉新领域、开拓新视野。自觉在学习实践中增强八项本领，培育又博又专、推陈出新的素养结构，不断提高工作的科学性、预见性和创造性，全面提高领导能力和执政水平，更好地把握规律性、体现时代性、富于创造性。**五是作风要过硬**。坚持从政治上认识和对待作风问题，严格遵守中央八项规定及其实施细则精神，坚决反对"四风"，自觉践行"三严三实"，加强道德修养，带头弘扬社会主义核心价值观，明辨是非善恶，追求健康情趣，始终做到心有所戒、行有所止，守住底线、不踩红线、不碰高压线，公正用权、依法用权、廉洁用权，在重实干、务实功、办实事、求实效中干事创业，争做忠诚、干净、担当的好干部。

共产党人理当炼就金刚不坏之身。 共产党人是用特殊材料制成的。中国共产党作为中国工人阶级的先锋队，同时也是中国人民和中华民族的先锋队，除了工人阶级和最广大人民群众的利益，没有自己特殊的利益。办好中国的事情，关键在党，关键在一支炼就金刚不坏之身的党员干部队伍。唯有不忘初心、牢记使命，谦虚谨慎、艰苦奋斗，敢于斗争、善于斗争，坚定推进自我革命、自我净化、自我完善、自我革新、自我提高，炼就打不倒、压不垮的金刚不坏之身，才能始终走在时代前列、人民衷心拥护、经得起各种风浪考验。**回顾历史，炼就金刚不坏之身是中国共产党人的本真本源。** 我们党来自人民、为了人民、依靠人民，全心全意为人民服务是党的根本宗旨，人民立场是党的根本政治立场。中国共产党自成立之日起，就把为人民谋幸福、为民族谋复兴作为自己的初心和使命。近百年来，我们党之所以能从小到大、由弱到强，始终得到全国各族人民的拥护和爱戴，就是因为有千千万万不怕火炼的"真金"共产党员，从"砍头不要紧，只要主义真"的夏明翰，到"生的光荣，死的伟大"的刘胡兰；从"人民的儿子"焦裕禄，到"一辈子坚守共产党人精神家园"的杨善洲……他们不为钱、不为官，不怕苦、不怕死，只为胸中的主义和心中的信仰，前仆后继、奋不顾身，不惜牺牲自己的一切，才换来了中国革命和建设的胜利，并从胜利不断走向胜利。**立足当下，炼就金刚不坏之身是应对风险挑战的现实需要。** 俗话说："打江山容易，坐江山难。"党的十八大以来，经过十多年顽强努力，全面从严治党取得了有目共睹的成绩。同时，要清醒看到，党内一些深层次问题尚未根本解决，一些老问题反弹回潮的可能始终存在，稍有松懈就会死灰复燃，新的问题还在不断出现，党面临的"四大考验""四种危险"将长期存在,全面从严治党永远在路上,党的自我革命永远在路上,管党治党一刻也不能放松。应对重大挑战、抵御重大风险、克服重大阻力、解决重大矛盾,党员干部丝毫不能有松劲歇脚的念头,必须居安思危警钟长鸣,否则我们就无法答好时代之卷。**展望未来,炼就金刚不坏之身是团结带领人民实现伟大复兴中国梦的必然要求。**历史已经并将继续证明,没有中国共产党的领导,民族复兴必然是空想。我们党要始终成为时代先锋、民族脊梁,始终成为中国特色社会主义事业的坚强领导核心,自身必须始终过硬。领导干部必须更加自觉地坚定党性原则,增强政治定力和政治敏锐性,提高抵御各种风险和经受住各种考验的能力,消除一切损害党的先进性、纯洁性的因素,清除一切侵蚀党的健康肌体的病毒,守得住清贫、耐得住寂寞、抵得住诱惑、顶得住压力、抗得住打击、经得住考验,不断增强党的政治领导力、思想引领力、群众组织力、社会号召力,树立起对党忠诚、个人干净、敢于担当的良好形象,赢得人民群众的信任和支持,确保我们党永葆旺盛生命力和强大战斗力。

全方位修炼金刚不坏之身。炼就金刚不坏之身,需要内因、外因共同发力,一靠个人努力,二靠组织培养。它不是一个口号,是具体的、实在的,是党员干部对自身理想信念、党性修养、道德品行等方方面面循序渐进的升华和完善,需要在长期的工作和生活过程中不断修炼。**要修"四课",练好基本功。**要接地气,修好基层实践课,深入基层搞调研,深入实际磨意志,深入群众强素质,在艰苦环境中砥砺意志、提升能力。要长才气,修好本领提升课,把学习作为核心竞争力,持续提升专业化能力,善于学以致用。要炼志气,修好作风建设课,坚持"干"字当头,大力弘扬"严"和"实"的精神，始终做到立党为公、执政为民。要聚人气，修好为民服务课，当好"领头雁""勤务员"，为群众办实事、做好事、解难事。**要立"五正"，过好品行关。**思想要纯正，坚定信仰，绝对忠诚，永葆为民服务本色，避免走弯路、跑偏路。心态要平正，淡泊名利，以平常心对待进退得失，始终积极向上、乐观从容。处事要公正，摒弃私心杂念，坚持原则不动摇，事事出于公心，处处依照公心，时时公道正派。操守要清正，防微杜渐、洁身自好、公正廉明，过好"诱惑关""自律关"。五官要端正，嘴不歪，说真话、实话、公道话；眼不斜，用全面、发展、辩证的眼光看问题；耳不偏，乐听真言、善听逆言、多听净言、不听谗言；手不长，不争不抢不属于自己的官权名利；腿不短，勤政务实，经常深入基层、深入群众、深入实际。**要明"七知"，掌握好方法。**知轻重，分得清轻重缓急，善于抓重点抓本质，学会"十个指头弹钢琴"。知深浅，不做经验的奴隶，坚持"打破砂锅问到底"，是深是浅，自己去蹚。知长短，有自知之明，清楚自己的长处和不足，努力补齐短板、扬长避短。知亲疏，明晰人际交往界限，同志之间多亲近，利益交往要疏远。知勇怯，既要有英雄气概，不畏艰难困苦，敢于坚持原则，又要敬畏党纪国法，时刻谨言慎行、慎独慎微。知远近，既把眼光放远，长远谋划工作，又脚踏实地，做好当前的事。知善恶，树立正确的善恶观、是非观，学会换位思考，与人为善，惩恶扬善，做一个好人、好党员、好干部。**要守"八戒"，增强免疫力。**心有所戒，行方有度。领导干部修炼金刚不坏之身，还要做到心中有戒。自觉戒侥幸，加强自检自省、自我约束；戒摇摆，遇事不乱、信仰不变、立场不移、方向不偏；戒自大，时刻保持清醒头脑，静心沉淀；戒任性，心存敬畏，有权不可任性妄为；戒保守，敢于奋勇争先，勇于自我革命；戒浮躁，把心思和精力集中到踏实干事上；戒狭隘，胸怀大局，虚怀若谷；戒抱怨，永远在状态，脚踏实地，真抓实干。

后记

笔者撰写的《为政四要》一书于2023年9月由国家行政学院出版社出版。此后，笔者总是感觉到有些言犹未尽，因为为政之要义固然十分重要，但其必须要有基础、有根本作支撑，于是便下决心撰写《从政六基本》一书。很显然，本书是上一本书的姊妹篇。

本书强调的是从政之基本。而所谓"基本"，是组成事物的基础性、根本性因素，贯穿事物发展始终，决定事物发展方向。从政也不例外，同样有一个"基本"的问题。笔者以为，对从政者来说，最为基本的要求是：理论功底深厚、理想信念坚定、练就过硬本领、敢担当能担当、作风正且硬朗、坚守廉洁底线。鉴于此，笔者围绕这一主题分六个部分三十六题进行论述。这些都是笔者的一些感悟和认知，仅供读者参考。书中难免有不当之处，敬请指正！

最后，再次感谢国家行政学院出版社的支持和帮助。

晓山
2024年7月